戲劇館

戲 劇 館

金士傑　劇本 I

荷珠新配・懸絲人・今生今世

著者 —— 金士傑

總策劃 —— 汪其楣

主編 —— 曾淑正

特約編輯 —— 陳珮真

美術協力 —— 石某・唐壽南

發行人 —— 王榮文

出版發行 —— 遠流出版事業股份有限公司

臺北市汀州路 3 段 184 號 7 樓之 5

郵撥／0189456-1

電話／(02)2365-1212　傳真／(02)2365-7979

香港發行 —— 遠流（香港）出版公司

香港北角英皇道 310 號雲華大廈 4 樓 505 室

電話／2508-9048　傳真／2503-3258

香港售價／港幣 67 元

法律顧問 —— 王秀哲律師・董安丹律師

著作權顧問 —— 蕭雄淋律師

2003 年 5 月 1 日　初版一刷

行政院新聞局局版台業字第 1295 號

售價新台幣 200 元（缺頁或破損的書，請寄回更換）

ISBN　957-32-4900-6

YLib.com 遠流博識網　http：//www.ylib.com
E-mail: ylib＠ylib.com

金士傑

【劇本 I】

金士傑⊙著

今生今世。

荷珠新配。

懸絲人。

出版緣起

定場詩——為戲劇館揭幕

戲劇閱讀的時代來臨了。

人類的想像力透過文字，成為呼風喚雨的語言，成為激盪心靈的場景，成為情緒綿延、思質起伏、不易言喻的，感性上的認知。

觀劇的即時性、臨場感，相對於私密閱讀的無遠弗屆、不限時空。與眾同歡共泣的集體行為，相對於在一己的當下，就形成最小單位之劇場的恣意與精準，不僅在今日的都市生活中互補並存，而且造成分享熱鬧與探索門道之間更為雋永的循環。

戲劇既是一個高度發展的現代社會中最成熟的表達方式，戲劇亦被視為學習行為中最自然有效的摹擬、感染與散播。台灣戲劇活動頻繁，成為不可忽視的文化動力，各年齡、各階層對舞台演出有無盡的興趣與響往，許多人透過劇場這樣的藝術與紀律，凝聚了集體的心靈，展現了個體獨特的才華，迸發了性情深層的創造力，在舊有制度和觀念的重重障礙下，台灣劇場的創作，仍然有令人亮眼心動的表現。這樣的創作人才和創作影響值得鼓勵和累積，而未來人文藝術永續發展中對於戲劇

資源與教材的渴求，更使遠流責無旁貸地負起開設戲劇館的使命。

目前以出版台灣各劇種的創作為主，外來作品為輔。戲劇文學，演出圖譜、記實，劇場各項設計及聲光圖、文錄，表、導演思維與實踐的闡述探討，劇場相關藝術與製作的原理、方法及科技種種，都是館裡的戲碼。

戲劇觀眾及讀者將在劇場及網路內外滋生、互動，戲劇藝術家和劇場工作者，在戲劇館內外也有更大的空間和不同的表達機會，透過不斷的搬演與閱讀，甚至殊途另類的再製作、再發揮，屬於大眾的戲劇館，提供藝術經驗多元的流通與薪傳的未來。

戲劇開館，精采可期。作為出版者，在此為您提綱挈領、暗示劇情，一如傳統戲曲的演員粉墨登場之時，先吟唱一曲定場詩詞，與觀眾一同期待所推出連台好戲的無限興味。

王榮文

金士傑　劇本 I

目次

出版緣起

書生金士傑的多元創作／吳靜吉 …………………… 9

如金寶之寶／賴聲川 …………………………………… 12

自序：我醞釀已久的舞台世界 ……………………… 16

荷珠新配 ………………………………………………… 23

懸絲人 …………………………………………………… 89

今生今世 ………………………………………………… 115

金士傑作品年表 ……………………………………… 183

〈推薦一〉

書生金士傑的多元創作

吳靜吉

　　千呼萬喚終於等到金士傑醞釀已久的劇本出版，在台灣他的《荷珠新配》可能是被大學生搬演最多的劇本，如果是歐美日，他光是靠「智財」即可無後顧之憂地過日子，過去二十年台灣尚無此習慣，若真有此習慣，收集在這三冊裡的其他六個劇本，很可能因《荷珠新配》的豐收而沒機會與更多人分享。

　　這一切似乎都要從蘭陵劇坊的時代談起，其實除了《永遠的微笑》是表坊的製作，其他全部都在蘭陵期間創作演出的。

　　如果1978年金士傑沒有接下耕莘實驗劇團的團長，他大概也不會認識吳靜吉，而我們也可能不會一起從挫折中成長。他在蘭陵的第一個作品是《包袱》的動作劇，背著包袱的掙扎歷程，其實是在反映他和其他的團員上我課的心路歷程，我敢保證，最後留下來的核心團員主要的是來自他的說服，如果他不是團長，他們可能早就跑掉了。醞釀創意、體驗創作、建構意義其實不需要那麼辛苦，至少應該苦中作樂。我的課正好挑戰了他們習慣的「話」劇思考模式，因此才會苦，可是金士傑「多元智慧」的潛能也從此一一覺醒。

　　《包袱》驗證了金士傑運用肢體語言創作的才華，但他同時

也擅長用語文創作劇本，《荷珠新配》的改編，其實是二度創作，語言的靈活運用，幽默對白的轉換，使舊戲重生。金士傑在改編再創和執導《荷珠新配》的時候，從小在家庭裡耳濡目染的京劇戲胞便不自覺的活躍起來，那時候我對他的期待是：「能夠融合京劇的身段和默劇的技巧，進而創造出一種新型的劇種。」

他需要學習默劇的技巧，他需要珍惜並善用被動吸收的京劇經驗，他的運氣真好，「新象」邀請箱島安來台演出，箱島安需要一位助手，許博允和我異口同聲地說「金士傑」。箱島安回國去了，卻在金士傑的身上留下許多默劇的技巧。

許博允又邀請法國馬歇默叟來台演出，他們也見了面。在飯局中，馬歇默叟對我說：「金士傑是個默劇的天才，但要學馬派則太晚了，應該要發展屬於自己的金派默劇，這個金派默劇當然也要注入京劇的身段。」

許多留學生到了外國之後，在相互對照經驗的思考中，常常喚醒自己成長過程中曾經被忽視或抗拒的在地文化之興趣，所以我預測他從紐約回來後，必然成為新型默劇的一派宗師。非常非常意外地，他從紐約回台後的第一個作品，竟然是中規中矩，有

點去動作化的話劇《今生今世》。

　　我終於了解，原來金士傑是個書生，既然是書生，當然要把他語文創作的作品出版才是，我催促過他幾次，他就是慢工出細貨，等到有機會展現《永遠的微笑》才肯出版。在這三冊劇本當中，除了《荷珠新配》、《懸絲人》、《今生今世》、《螢火》和《永遠的微笑》以外，其他二個劇本《家家酒》和《明天我們空中再見》都是金士傑在文建會委託蘭陵劇坊辦理的舞台表演人才研習營中，為學員的公演所創作的劇本。

　　這七個劇本只是金士傑多元創作的局部分享，我們期待未來能有其他創作的平面或多媒體出版。

〈推薦二〉

如金寶之寶

台灣劇場之所以有今天，有一個很重要的因素，那是金士傑。

民國六〇年代末期，台灣劇場正在尋找新生命力的時候，蘭陵劇坊成為推動台灣新劇場的最大力量，而金寶為蘭陵劇坊的核心創作者，從他的《荷珠新配》1980年爆炸性的轟動台灣開始，他的編、導、演作品一直跟觀眾之間有一個刺激的對話，探討著生命、探討著劇場、探討著肢體。一代台灣劇場演員及編導都在金寶的作品中茁壯，一代台灣劇場觀眾也隨著金寶的作品成長。

而身為台灣現代劇場的開拓者及代表人物，金寶二十多年來不遺餘力，不斷在演出及創作的前線奮鬥，同時他的藝術在這段時間中也不斷前進、成熟，持續在舞台上展現他特殊的氣質、能量、智慧。金寶的喜怒哀樂曾經詮釋過多少重要的角色，又有多少重要的作品因為他的存在而亮麗起來，分量加重起來。這是不爭的事實：台灣劇場因為金士傑，是有重量與格調的。

以我自己作品為例，從表坊時代之前，從《摘星》中的智能不足兒童，到《暗戀桃花源》中的江濱柳、到《這一夜，誰來說相聲？》中的白壇、《紅色的天空》中的老金、《新世紀，天使

隱藏人間》中的柯律師、《我和我和他和他》中的「另一個男人」、《千禧夜，我們說相聲》中的皮不笑和沈京炳，以及最近《在那遙遠的星球，一粒沙》中的老錢，金士傑一直是陪伴著我在創作上的好夥伴。就算我作品中沒有他，他也一定是最好的諮詢顧問，認真的來看排戲，給意見。

　　在台灣做劇場這接近二十年以來，其中一件令我印象最深刻的事情是：十幾年前，金寶答應表演工作坊編導一齣新戲，暫定劇名是《綁架》。我很喜歡那個故事，非常期待那一齣戲的演出。但是到了快要賣票的時候，金寶突然通知我們，他不幹了！理由非常簡單：他覺得不夠好！

　　這一件事有什麼特別？或許你會這麼認為。但是我倒認為，在這個年頭，有這麼純粹的創作良心的藝術家並不多。反過來說，台灣劇場也曾經目睹過太多不成熟到不該上台的演出，但是當事者要不然沒有像金寶一樣的勇氣，要不然就是沒有他的判斷力。那一件事，雖然當時讓劇團抓狂，但是也讓我真正看到金寶他的為人，他的堅持。他不但沒有「背信」，反而在我心目中變得更有信用。這種信用，是藝術家的信用。

很多人可能「職業」是「藝術」，但「藝術」跟他們其他行為並沒有太大關係，賺錢反而是他們的主要目的。但是這麼多年下來的觀察不會假：金寶是一個真正的藝術家，從骨子裡，從生活中，在舞台上，在導演椅中，在編劇的專注中。在瀟灑豪爽的外表背後，他細膩的要求，對細節的塑造與苛求，處處表現他的完美主義性格。金寶活著就是為了藝術。這一點，在我所認識的金士傑身上，是永遠不會打折扣的。

時間過得很快。許多劇場新生代的觀眾並沒有看過金寶編導的作品。這個遲來出版的劇本集，可以稍微彌補這一份遺憾，為過往的珍貴時間留下見證。

金士傑 劇本 I

荷珠新配　　懸絲人　　今生今世

〈自序〉

我醞釀已久的舞台世界

金士傑

　　這次出書因為時間倉促，其實還漏了1978年自己的處女作《演出》，另外還有幾個小品未列入。這次發表是五十二歲，下次更老一點再一起付印吧。可以不提它的，說這個事是因為自己的第一次，當時的一些感受對今天發表劇本的我別具意義。

　　那年我二十七歲。屏東農專畜牧科畢業，當完兵，牧場養豬一年半，來台北找苦力活兒幹，一心想搞從小的志業：「說個故事或者寫個故事」。悶熱的倉庫裡搬貨點貨，晚上睡在還有其他人等的宿舍裡，下班時間他們拌嘴、打牌、喝酒、看電視，我不理人不管事，白紙攤開埋頭寫我的。一輩子沒上過一堂編劇課，又自視甚高，我下筆很慢，小宿舍裡折騰前後整整十個月，生下第一個孩子《演出》。當中有一天，一位室友從外面回來衝著我大叫：「金！我出去三個鐘頭，你竟然連姿勢都沒有變！」這句話的印象很深，到今天我都還在想我現在姿勢到底變了沒有？

　　有幾個搞藝文的朋友私下共組了一個讀書會，我不慎說溜了嘴，他們就促使我把「那個私藏的劇本」帶來給大夥兒把一下。我第一次面對這一行所謂的學院派對話，給我影響很大，但當時只是頭暈——「為什麼劇名叫《演出》？」「為什麼角色性格要設

定成這樣？」「為什麼他要跪下？」「為什麼他要笑？」「為什麼你現在不肯回答？為什麼……」我沒辜負他們的好意，我後來也這樣問我教的學生。我一直清楚：優秀的提問，造就優秀的思考。我頭暈之外，也一輩子謹記那些提問，那個可愛又可怕的午後。會後我悄悄問：「到底你們喜不喜歡這劇本啊？」朋友答：「我有個朋友辦雜誌，你何不寄給他發表！」就此，我跨出我在編劇這條道路的第一步。

雜誌叫《中外文學》，那個編輯叫楊澤，他後來很高興的打電話問我：「還有沒有其他的劇本？」第二年我寄了《荷珠新配》給他。

《荷珠新配》是從平劇一個玩笑戲《荷珠配》改寫的，當年吳靜吉、卓明等人慫恿我下筆。

從小父親騎單車載我，我坐前座，耳邊總聽他哼唱《鎖麟囊》，也沒什麼特別感覺。他們兄弟幾個都愛戲也票戲，我毫無傳承。待長大以後，讀書思考也多是西方那一套。

因為要看原版《荷珠配》，有一天被友人拉進國軍文藝中

心。我呆望著那個久違的老戲台，感覺自己完全像個陌生人。只聞鑼鼓聲輕響，幕啓，文武場齊奏，角色上場，臉上畫的粧身上穿的衣腳上邁的步嘴上唱的辭，全是「亮相自白」。見他上山下海騎馬行船，台上空無一物。檢場人忙著搬上桌椅又匆匆下場。這麼個虛構不實荒涼冷清的台子，卻是鑼鼓喧天，沸沸揚揚，熱熱鬧鬧。我起了一身雞皮疙瘩，眼也濕了。我恍然想起父親哼唱著小曲這件事。

　　我醞釀已久的舞台世界被眼前這副景象給說盡了，它看似不起眼，卻有穿透人心的劇場聲音，所謂大象無形，我編不出來，我多想編出來，我忌妒，但那個發明它的人是誰？敵手不知名，「他」彷彿曾在父親隨意哼唱的曲調中悄悄露面，而我一直錯失交臂，從沒正眼認識「他」。

　　後來，我喜歡上默劇大概也是同一個理由。

　　這樣以假說真、以虛說實的舞台，它深深觸碰了我對生命許多無以言表的情懷，成了我心裡揮之不去的主要場景。之後，它一再地出現在我繼續寫作的劇本裡。

　　可以這麼說，從我會思考，「真與假」、「虛與實」的辯證就一直繞著我轉，轉得我腦袋瓜嗡嗡作響，有時變成句子，就記錄在隨身的紙條上，紙條就攔進我的抽屜裡。前面提到「我醞釀已久的舞台世界」說的就是這個抽屜。抽屜裡盡是嗡嗡作響的辯證之聲，這聲音多年來一直糾纏我，它似敵似友，好像一個天使化身為妖魔，在我成長的一路上，這妖魔時不時的就撲向我，一場廝殺肉搏「說！說！什麼叫真的？什麼叫假的？我是天使還是妖魔？」這聲音逼使我做為一個人必須認真而警覺的對待生命，但也曾差點沒讓我「不正常」。有時，這聲音不見了。也有時，它躲在我寫劇本的桌旁「喂，你到底想寫什麼？」

（1980年）《荷珠新配》寫一群騙子以假面互相作弄要詐。

（1982年）《懸絲人》的木偶們與身上懸掛的那根繩線糾纏不清。

（1985年）《今生今世》的檢場人與劇中人似友似敵。

（1986年）《家家酒》，一個鬼屋裡，已然世故的同學們想擁抱昔日的童年美夢。

（1988年）《明天我們空中再見》，記憶與失憶手拉著手難堪的跳舞。

（1989年）《螢火》的傻子走進老人的故事，迷了路。

（2002年）《永遠的微笑》的暗房裡，有另一個遙遠的躲藏著的
　　　　　暗房。

這算不算賣瓜說瓜？及此打住。

想想，自己真是個懶人，上個世紀種的瓜這個世紀才端上
桌，瓜已經快出酒味兒了。

瓜上桌之前，謹誌——

感謝汪其楣老師多年來的催促「快把劇本整理好！我幫你找
人發表」，終於她讓這件事落實了。

感謝「蘭陵劇坊」的指導老師吳靜吉和老戰友賴聲川為這本
書寫序。

感謝張華芝在一開始就一手肩挑行政事宜，然後謝明昌二話
不說也趕來支援助陣。

感謝邱瓊瑤和方溁芸為我打字，她們花了很長的時間默默的
幫我完成這個苦差事。

　　這是我第一次出書，用感謝二字也不足以道盡的，是我的父母親。最早對他們說：「我要離開家去台北，我要先去做苦力小工，再去做自己覺得很重要的事。」我根本說不清楚，因為「劇場」這兩個字那時沒人聽過，老人家當時掉了淚，他們眼前的「孤臣孽子」到底在說什麼？要做什麼？他們是很優的父母親，我運氣夠好，他們就是信任我。這麼多年下來一直如此，那使我覺得無以為報。事實上在這些劇本當中，我多次以他們做為我的主題，許多的鄉愁不期然的就跑出來，怎麼說呢？那是一個心虛自責的孩子，他正悄悄的遞上難以明說的情話。

荷珠新配

HO-CHU'S NEW MATCH

人物

荷　珠

趙　旺

老　鴇　　（此角色由男性反串）

齊子孝

齊　妻

劉志傑

酒　客

　　此劇由京劇《荷珠配》改編而成，時間拉到了現代，但舞台仍沿用傳統戲中「一桌二椅」的形式，從而服裝、音樂、道具、化妝等皆可朝此方向考慮。古今交錯，時空交雜，正好幫助了這個「玩笑戲」的效果。

　　基本上此戲屬小丑戲，丑戲中的插科打諢擅用時事笑話，故而劇中凡涉及時事人物地點之話題，皆可斟酌演出當時之社會狀況予以變動潤飾。

第一場

（舞台中擺著兩張椅子，一個小茶几。老鴇與荷珠各坐一椅。）

老　鴇　（在一個呵欠之後開口）——常言道，有福之人人服侍。

荷　珠　（自怨自艾）無福之人服侍人。

老　鴇　店名叫夜來香，我是這兒當家的，這兒當家的——是我。

荷　珠　我叫荷珠，在這兒執壺賣笑，賣笑——執壺。

老　鴇　幹了二十年的買賣，生意還挺好的，最近聽說政府要我們這一帶幹我們這種買賣的把大門給關掉——唉，我這是心裡發愁口還不能開，說穿了，下面人誰還安得下心替我招呼上門的？這真是——做上面人有上面人的煩惱唷！

荷　珠　打從進了這夜來香大門，我可受了她（悄指老鴇）不少氣，想換個行業嘛？自己不爭氣，從小沒學過什麼本事，肩又不能挑，手又不能提的，唉，每天難過每天都過，每頓難吃每頓都得吃！這真是——做底下人究竟是底下人的命。

老　鴇　喲！我心裡煩，我都還沒作聲，這丫頭在那兒先唉聲嘆氣了！——荷珠，妳哪根筋不對啊？

荷　珠	我沒有一根筋是對了的。
老　鴇	那敢情好，媽媽我來替妳把那根壞筋抽掉，妳就舒坦了。（起身擰荷珠，荷珠疼痛閃避）聽著！這會兒可是上班時間喔！
荷　珠	我們這算是哪一家公司哪一個部門啊？
老　鴇	（一怔，反應）大眾傳播公司，公共關係部門。（勝利地）妳給我——坐下。
荷　珠	（坐下）我就才嘆了口氣又惹了誰啦。
老　鴇	惹了誰？我還要問誰惹了妳啦?!
	（兩人俱拉長了臉坐著，內室一醉客跟蹌而出，兩女立刻換上笑臉相迎。）
老　鴇	錢老闆啊，您要回去啦，酒還喝得滿意嗎？
客　人	……酒好……阿紅更好……
老　鴇	那下回您還……
客　人	眞是酒逢……千杯知……知己少……
荷　珠	這是什麼句子？
老　鴇	（討好地）可不是嗎！話不半句——投機多啊！
客　人	（不悅）這是什麼句子？
荷　珠	錢老闆，下回也要找我陪您喝幾杯喲，您不能只找阿紅一個人！我的酒拳可玩得好喔！（說著划起拳來）
客　人	行了行了！妳給我把阿紅看好，少了一根汗毛我……我……我走了。（東倒西歪）

老　鴇　　大門在這兒哪！（客下）再來啊，再來啊！（轉對荷珠）
　　　　　我這夜來香要是個個都像阿紅或是阿香阿惠阿珠阿桃阿
　　　　　……（一大串名字一口氣說完了）我啊，可就什麼也不
　　　　　愁嘍。

荷　珠　　（故作酸狀）好裡好幫做好鞋嘛，誰叫她們爹娘給她們
　　　　　生得好，我那敢和她們比嘰！

老　鴇　　搞清楚啊，丫頭！妳們可都是我一手調教出來的啊，自
　　　　　己沒生意怨誰？她們漂亮妳少了眼睛缺了牙？看妳臉拉
　　　　　得尺把長，客人誰願意找妳啊？

　　　　　（趙旺東張西望地由門外走來，對酒家這個環境顯得又害怕
　　　　　又興奮。）

老　鴇　　正說呢，又來了一個！看起來挺像個人樣兒的，嗯，一
　　　　　看就知道自命風流的那一號兒，荷珠啊，交給妳了。
　　　　　快！笑啊！（荷珠強笑）

趙　旺　　（身上的西裝不太合身，行止怪異）勞累終日不得閒，偷
　　　　　得片刻好逍遙。平日裡聽慣了主人的使喚，聽別人說，
　　　　　來這兒可以讓人聽聽我的使喚，這正是——身心平衡之
　　　　　道。我，趙旺，「趙旺」這兩字平時的意思就是「過
　　　　　來！」有的時候是「出去！」察言觀色是我看家本事，
　　　　　體貼入微是我專業精神，喲！我得小心別弄髒了，（拍
　　　　　拍衣服）這可是租來的，咦，門在哪兒啊？

鴇／荷　　（二人起身，笑臉合聲）喲，大爺進來玩玩吧！我老遠就

　　　　　從門縫裡瞧見您哪！

趙　旺　啊？我這還沒進門，就被人給看扁了?!

老　鴇　大爺！我們這兒有最好的酒菜，還有——最美麗的小
　　　　　姐！

　　　　　（老鴇逼上前諂媚，趙旺恐懼後退。）

趙　旺　（望著老鴇，兩眼發直）跟想像的完全不一樣啊！

　　　　　（老鴇拉趙旺進門，趙旺死命往後退，正拉扯時，荷珠趨前。）

荷　珠　大爺您別害臊成這樣，我陪您喝點，沒關係的。

　　　　　（荷珠拉趙旺，趙旺沒魂了似的呆望著荷珠，隨荷珠入內。）

老　鴇　這小子眞現實，變得也太快了吧！

荷　珠　（待趙旺坐定）老大爺眞是守信用的君子人，您說再來果
　　　　　然就來了，現在有錢人眞難得看到像你這樣重感情的。

趙　旺　（一團霧水，強自鎮定）是啊是啊，人嘛，錢賺了就是要
　　　　　花的，話說出口就要兌現的。

荷　珠　他還當眞呢，沒哪個以前見過這人的，不過看他長得不
　　　　　怎麼樣，衣服倒挺闊氣的。

趙　旺　穿上好衣服，果然有不同的待遇。

老　鴇　大爺，這可是我們這兒小姐中最漂亮、最溫柔的一個
　　　　　了，我看你們還怪有情分的，（怪聲怪氣）來來，（拉
　　　　　趙旺湊近荷珠）坐近一點嘛！（趙旺不好意思地轉頭，不
　　　　　巧迎面的又是老鴇的臉，幾乎親在老鴇臉頰上，急忙縮回
　　　　　身子，老鴇一臉笑意）這……這樣你們就多喝點，我進

去給你們叫點吃的好下酒。（對趙旺擠眼，趙旺亦還之，老鴇見荷珠仍臭著臉，暗地擰她）妳給我笑啊！

（荷珠吃痛，哎喲一聲，緊接著擠出一串笑聲，趙旺不解，也陪上一串笑。老鴇下。）

荷　珠　大爺您喝……哦，您的口味還是和以前一樣？

趙　旺　（想想，用力點頭）當然！和以前一樣……不要放糖。

荷　珠　（怔住，注酒）大爺酒量一定不差。

趙　旺　（故作神秘）妳看到我這個沒有？（齜牙咧嘴，手指臉頰）

荷　珠　（湊前觀察）你是說……那一嘴爛牙？

趙　旺　哎！不是，是這個！（手指更強調）

荷　珠　（再湊前觀察）噢！你是說……那一臉青春痘啊？

趙　旺　哎！看清楚，是這個這個這個！（手指快把臉頰戳破了）

荷　珠　到底是什麼？

趙　旺　（神氣）酒渦！（連灌好幾口酒下肚）表示酒量好啊！

荷　珠　別急著喝啊大爺，待會兒菜上來再加油嘛。

趙　旺　嗨，這叫開胃。（又猛灌幾口）——我坐了好一會兒，儘喝酒，倒忘了我還沒吃喝呢，這個機會不過過癮還等到下輩子不成，看我的——嗯，啊……（努力清嗓子）

荷　珠　大爺您嗓子疼？

趙　旺　有一點，沒關係。

荷　珠　（雙手舉向趙旺的脖子）我替您揉揉。

趙　旺　（嚇壞了）哇！不必，它自己會好！不必……

（荷珠不解回坐）

趙　旺　　（喃喃）這輩子沒被女人碰過。（驚魂甫定）

荷　珠　　（自我介紹，打破僵局）我叫荷珠。

趙　旺　　（一想，可要過足癮頭。大喝）過來！

荷　珠　　（不解）我沒走啊？

趙　旺　　那……（大喝）過去！

荷　珠　　咦，您不用我陪了嗎？

趙　旺　　我……我的意思是……把酒瓶放過去！

荷　珠　　幹嘛呀？

　　　　　（荷珠把桌上酒瓶從趙旺前方移開，趙旺被荷珠盯得不知如
　　　　　何是好，想想，把手放在桌上酒瓶移空處，得意洋洋地，
　　　　　見荷珠仍盯著看，想想，整條手臂都放上去，手掌托著下
　　　　　巴，又覺得不舒服，乾脆把整個上半身都倚在桌上，一點
　　　　　一點地把自己扭成一個怪異的姿勢，可謂辛苦極了。）

趙　旺　　不錯！——最近我公司裡事情很忙，哎，下面人太不中
　　　　　用，大事小事全要我管，大概是沒有我就活不成了！

荷　珠　　大爺真是貴人。

趙　旺　　貴人？（更正）我叫趙旺。

荷　珠　　趙老闆。

趙　旺　　（再更正）趙——總——經——理！我的朋友也多數是做
　　　　　董事長啊總經理的，我們平常——平常——啉！（因為
　　　　　剛才姿勢一直未變，實在夠痛苦的）我的腰閃到啦！

荷　珠　　我來搥搥。（上前搥）

趙　旺　　哎喲！

荷　珠　　怎麼啦？

趙　旺　　妳可不可以輕點？

　　　　　（荷珠輕輕搥。趙旺又大叫。）

荷　珠　　又怎麼啦？

趙　旺　　也太輕啦。

荷　珠　　您還真難服侍。（索性不搥了）

趙　旺　　唉，我們這種做老闆的人就是平時缺少運動，常常一不
　　　　　小心就會閃到腰。誰教我們生意那麼忙呢！

荷　珠　　真是令人羨慕！

趙　旺　　（故作謙虛）羨慕?!等妳像我一樣了妳就知道……有錢
　　　　　雖然不錯，但也不怎麼樣，……人……人……人生如夢
　　　　　嘛。

荷　珠　　啊──那更令人羨慕了。

趙　旺　　（大樂，悄語）這個做總經理的滋味硬是跟做下人的不一
　　　　　樣啊，這小娘兒們很上道，我還得哄哄她──（對荷珠
　　　　　繼續裝模作樣）唉！我們有錢人的辛苦就不是別人能了
　　　　　解的了，像今天中午，我和一個朋友──就是（大聲宣
　　　　　佈）大華公司董事長齊子孝！──在一起吃飯，一邊吃
　　　　　飯我們還一邊商量生意上的事情，唉──妳說辛苦不辛
　　　　　苦？

荷　珠　（驚訝不信地）大華公司——你和大華公司董事長是朋
　　　　友？

趙　旺　當——然！很熟的朋友。我們是結拜的，歃血爲盟還磕
　　　　過頭、親過嘴……（自覺吹牛過頭）

荷　珠　你眞的是他朋友？

趙　旺　爲什麼不是？

荷　珠　他那麼有錢，公司那麼大……

趙　旺　一樣一樣，我也有錢，不過這沒什麼！我們常常一起開
　　　　車，一塊兒上街買東西，我和他太熟了，平常啊，我都
　　　　管他叫：老——齊！

荷　珠　（當眞興奮了）我眞是有眼無珠啊！您一定是很了不起的
　　　　大人物才會和他那麼親近，來！（興奮且用力一拉，趙
　　　　旺竟跌倒，姿勢正好跪在荷珠面前）喲，大人物您起來！
　　　　（扶趙旺入座，邊行邊說）和大……大老爺喝這杯酒眞是
　　　　我三生有幸，（邊注酒邊說）打娘胎出來我就沒這個福
　　　　氣啊！

趙　旺　哈——（大笑不已）這個老齊啊什麼人的話都不聽，就
　　　　聽我的，有錢人和有錢人交朋友很少像我們那麼要好
　　　　的，哇哈——（身子歪倚著椅背，得意忘形地搖擺著）

荷　珠　這老小子好像聽不得好話，才說幾句好聽的，看他骨頭
　　　　都快酥了……

趙　旺　哎喲！（椅子倒下，趙旺跌在地上四仰八岔，荷珠幫忙扶

　　　　　　起時，老鴇亦由內室衝來。）

老　鴇　　哎喲！怎麼啦？可別跌壞了——

趙　旺　　還好。

老　鴇　　我的杯子啊！（將趙旺手中杯子小心的放回桌上）我來扶
　　　　　您……

趙　旺　　不用，我自己來。（努力爬起，站穩）林肯說：「自己
　　　　　跌倒自己站起來。」

老　鴇　　您肯？

趙　旺　　林肯。

老　鴇　　我肯，我當然肯！

趙　旺　　嗨——妳肯什麼?!妳啃饅頭去吧！我是說，一個美國總
　　　　　統林肯！「他」說的話！

老　鴇　　噢——他肯？

　　　　　（趙旺爲之氣結——）

荷　珠　　您連跌個跤也有學問的?!

趙　旺　　我也是用這句話來勉勵老齊，否則……唉……他哪會有
　　　　　今天呢？

老　鴇　　老齊？誰是老齊？

荷　珠　　哎，媽媽桑，他是在說……齊天大聖孫悟空！妳去忙妳
　　　　　的啊！

老　鴇　　（不解，但仍巴結）喔……聽口氣您和孫悟空還有相當交
　　　　　情，不簡單。（走到店門口等候客人）

荷　珠　（幾近耳語）這個齊老闆聽說性格孤僻，很少跟朋友來往，財產那麼大，但一個兒女也沒有，倒眞難得有您這麼個知心朋友。

趙　旺　唯一的朋友。他什麼事兒只有我知道。

荷　珠　那麼說一個給我聽聽啊！

趙　旺　（又得意了）妳要我說？

荷　珠　快說啊，我就愛聽聽這些大人物的私事。

趙　旺　妳要我說？（見荷珠急切地點頭）妳眞要我說？

荷　珠　快……快說！

趙　旺　成！（眼珠放在頭頂上）不過——妳得先叫我一聲好聽的。

荷　珠　叫你一聲好聽的？——這個嘛——（嗲聲）趙大爺！

趙　旺　這太平常了。

荷　珠　（更嗲聲）趙總經理！

趙　旺　還太生分了！要比這個更好聽的！

荷　珠　（眞爲難了）更好聽的？這……

老　鴇　（在一旁早已等不及了）趙旺哥哥——呀——（老嗓嗲叫邊撲向趙旺）

趙　旺　（眼珠從頭頂滑落）我說我說我說！（老鴇愉快地走開，在店門口招呼客人，下。）

荷　珠　倒是快說啊！

趙　旺　（壓低嗓門，以示神秘）嘿嘿，就拿這檔事兒來說吧，全

世界沒有人能知道得比我還清楚。老齊啊，年輕的時候相當落魄窮困，夫妻倆那時生了個女兒，取名金鳳，道是家貧如洗，無力照養，就送給別人家了，隔不了幾年哪，那老婆就嗝屁了……

荷　珠　　大爺，什麼叫做嗝屁啊？

趙　旺　　嗝屁嗝屁，嗝屁著涼！就是死翹翹的意思嘛！這都不懂！

荷　珠　　大爺您眞有學問！

趙　旺　　如今老齊發達起來，他又娶了個小的，偏偏這小的肚子不爭氣，結婚多年啊，連個屁也迸不出來！

荷　珠　　後來呢？

趙　旺　　後來那老齊開始惦掛那失散多年的女兒，回頭去找──人家搬走了，登報嘛，也怎麼都等不著消息，總而言之，嘿嘿，有錢人有有錢人的麻煩，這個錢啊，並不是萬能的！

荷　珠　　這是多少年前的事了？

趙　旺　　差不多二十年，如果那女兒還在──應該和妳差不多歲數。（自斟自飲）

荷　珠　　（走到一旁思忖著）水往低處流，人往高處走。想我荷珠執壺賣笑也有五個年頭，五年裡沒有一天不想換個身分，享享有福之人過的日子是何等滋味。今兒個碰上這傻小子自稱齊子孝好友，被我捧上兩句，竟漏了這麼個

大事出來，不要急，待我仔細想過——嗯，和我一般大
的女兒，又從小失去音訊，壓根兒也沒見著面……

（荷珠回坐，對趙旺更加討好的勸酒。老鴇此時出現，疑神
疑鬼的盯著二人）

荷　珠　　大爺再喝兩杯啊，人說大人物肚裡能撐船，這點酒是算
　　　　　不上數的。

趙　旺　　（暈天轉地）說得好、說得好，確實我喝了這些酒就像
　　　　　沒喝似的。

荷　珠　　我還有些話想問問您老大爺，只是這兒外邊人來人往，
　　　　　（故作曖昧狀）我們到裡面好說話，怎麼樣？

趙　旺　　（傻笑，受寵若驚）呵呵，我是好說話的人……古（打嗝）
　　　　　您怎麼說……小的我怎麼做就是。（起身行走東倒西
　　　　　歪，醉得不可收拾，荷珠急忙來攙扶。）

荷　珠　　老大爺當心。

趙　旺　　別怕，我心情愉快的時候，都是這樣走路的。

（趙旺、荷珠下）

老　鴇　　（見兩人離去心有不甘）哼，想騙我，沒那麼容易！（欲
　　　　　隨去偷聽，走兩步又轉身）這分明不是孫悟空的故事！

第二場

（齊子孝偕夫人入場，二人乘坐BENZ轎車以車旗示之，旗上畫有BENZ商標，跑場行走。趙旺——已換回僕人衣裝，擔任司機——突然緊急煞車，三人跟蹌停步。）

趙　旺　　紅燈亮啦！

齊　妻　　煞車也該修修了！

齊子孝　　（執煙斗，不可一世）少年失意，我擦別人車子；老大出頭，我坐自己車子。車子車子！老子我齊子孝的車子名叫BEN——Z！

齊　妻　　（滿身珠寶披掛）小姑獨處三十載，三生姻緣訂一朝，想當初——我可不是沒人追沒人要的，可我偏吃了秤坨鐵了心，沒這種車（指車）坐的日子我可是不過的，瞧瞧！（展示一身披掛）瞧瞧！這身打扮，正是夏天的棉被——不是蓋的。

（三人繼續跑場，終於到了家門，夫妻下車。）

趙　旺　　到家啦！老爺太太，我到後院去把車洗一洗（將車旗搓搓），再打打蠟。（跑下場）

（荷珠入場，東張西望。）

齊　妻　　唉，這種車一坐啊，就天下大亂也不干我的事兒了，

（呵欠）哎喲——我快回我的冷氣房吧。

（夫妻正欲下場，荷珠大叫奔來。）

荷　珠　　　乀……

（夫妻驚嚇轉身）

荷　珠　　　請問……您……您二位就是齊……齊先生和……齊太太嗎？

齊子孝　　　正是，這位小姐是——？

荷　珠　　　（撲通跪下，悲從中來失聲大哭）哇——爸爸！媽媽！

齊子孝　　　爸爸？

齊　妻　　　媽媽？

荷　珠　　　我是金鳳啊！

（夫妻嚇得快站不穩了）

齊子孝　　　金鳳？

齊　妻　　　金鳳？

荷　珠　　　（悄語）怎麼成了小學生上課，我說一句，他們跟一句的？（繼續）嗚……這都是命啊…………

齊子孝　　　（悄語）難道她會是……

齊　妻　　　（悄語）唔，當初說媒的是說過這麼檔事！（暗自心驚）天哪！

夫妻合　　　快起來說話！起來起來說！（二人攙扶荷珠起身）

荷　珠　　　（轉身掩面往後哭著跑著，二老緊隨不捨）苦啊……二十年骨肉離散，各奔東西，如今是……一家人見面不相

識，我，我怎麼說是怎麼講啊？

齊子孝　快說！

齊　妻　快講！

荷　珠　（被二人情急的追逼給嚇一跳）我說我講！（開始誇張的描述）傷心人提起傷心事，正是悠悠忽忽半生如夢；二十年前父母將我生下，只因家境窮困，無力照養，乃將我託養於鄰居劉氏，從此各走天涯，互相失去音訊聯絡。五年前無意間從養父口中得知此事，就此跑來台北謀生，一心盼著找到親生父母消息，近日偶然間聽起朋友提到齊子孝赫赫大名，正是晴天一聲雷！我興奮得連這個月才買的愛國獎券（或說樂透亦可）也不要了，於是一路尋來，如今見著了雙親，卻禁不住滿腹的心酸，一時悲喜焦急，恍若前世，難道，難道這是一場夢嗎？

齊子孝　（喜不自勝）她當真是金鳳！

齊　妻　（滿腹狐疑）她果然是金鳳？

荷　珠　（悄語）該沒露出破綻吧，昨兒個練了一宿，這個儀態也該有個大家閨秀的模樣兒了，還有什麼話漏了沒說？

齊子孝　（對妻）是有點我們家人長相啊！

齊　妻　（冷冷的）什麼有點？像極了！人家說龍生龍，鳳就生鳳，這個小老鼠還不知是打哪兒來的呢？

齊子孝　真是太沒有想到了，真是喜從天降……啊，慢著，還有個重要問題忘了說，我說……這位金鳳啊……

荷　珠　　對了，我忘了說，養父劉氏近年來因爲工作職務忙，經常不在家，因而很少與我見面，來日待他得閒，一定請來與爸爸媽媽見過。

齊子孝　　對對對。

齊　妻　　對對對！（假惺惺，一副不信任的模樣）一定要請他來這兒，我們得好好談清楚，好好感謝他對妳的照養之恩啊！

荷　珠　　對對對！太意外了！來，（拉齊子孝）爸，我們進去家裡面好好談談。

齊子孝　　（邊行邊說）對對對，進去談，好好談談……（這才發現妻落單站著沒動）太太，來吧。

齊　妻　　喲，這個節骨眼上還有太太啊！（跟上）

齊子孝　　太沒有想到了，（突對妻耳語）妳覺得有問題嗎？

齊　妻　　誰知道？你沒問題，我的問題可大了。

荷　珠　　（興奮）爸爸！這眞是……太意外了！

齊子孝　　（同意地）太意外了！

齊　妻　　（酸溜溜）太意外了！

三人合　　太意外啦！

　　　　　（老鴇神秘兮兮地潛入，一邊窺視，三人下。）

　　　　　（老鴇衝向前，站定，神色驚訝。）

老　鴇　　他們意外？我才意外哪！

第三場

（劉志傑入，穿著窮困邋遢，發現香菸沒了，憤而將菸盒扔掉，走向椅子，坐下。）

劉志傑　　無錢俠氣衝冠出，有錢春風滿面生。我劉志傑，雖然生就一副窮酸模樣，可我有個在新公園算命的朋友，他說我是五官端正、相貌堂堂，命裡注定大富大貴，不過——那大概是上輩子，要嘛下輩子，絕絕對對不是這輩子。平常哪，有點小嗜好，手頭原本還有幾個子兒，又禁不住我手癢，就這麼（用手摸牌狀）——就完啦；幸虧孝女荷珠明理懂事，一個人跑到台北，在一家大眾傳播公司公共關係部門做秘書，每個月寄來幾千塊錢，好歹也可以讓老子我痛快花花。唉，我這老子（悄聲以示隱密）雖不是她親生的，但養育之恩可沒少了一點給她。

（荷珠穿著高級，手持信紙入，走到舞台側方，慢慢折疊著信紙。）

劉志傑　　養育養育，養嘛，長成這麼大個人，不是我養的是誰？隔壁養的那頭豬，養了五年也才那麼一點大啊，育嘛，看見什麼人該做什麼人事，看見什麼鬼該說什麼鬼話，

不是我教的是誰？我養的那條狗還不見得分得清好人歹人呢！說她孝女孝女的，怎麼這個月的錢到今天還不見影子，爸爸我，還真有點──（忿忿地）操心哇！

（荷珠將信紙折成一個紙飛機，投向劉志傑。）

劉志傑　唰！瞧瞧，這運輸機來空投救難啦。（拾起）還真是荷珠的信呢！（將信展開，取出內藏匯票，兩眼就直盯著匯票。）

荷　珠　父親大人，近來身體可安康，女兒荷珠遠在台北，內心卻不時無刻以父親為念。

劉志傑　（大怒）見鬼了，才三千塊還以我為念……怎麼少了三千呢？（看信）

荷　珠　父親千萬不要因為匯票上的數字而生氣，待我說件喜事兒，您聽了一定高興。

劉志傑　喜事兒？少寄三千塊錢，就說一個喜事兒人就沒氣啦？幹嘛不說兩件喜事兒，這樣一毛錢也甭寄啦！

荷　珠　這話得從頭說起……

劉志傑　慢點！喜事兒？──交了男朋友不成？交什麼樣的男朋友要扣我的三千塊？豈有此理，男朋友可以交，可就交不得那種混吃混喝，什麼正事不幹，就靠花女人錢的臭男人，（說得手舞足蹈，口沫橫飛）至少，像爸爸我──

（正好望見自己手上拿著的匯票，一時為之語塞，氣勢大減。想想，繼續看信吧。）

荷　珠　女兒自從來到台北工作五年了，五年中無時不以父親的
　　　　訓誡爲最高原則，因此一心力爭上游，好做一個人上之
　　　　人……

劉志傑　對極了，我是說什麼來的？好像是：（裝出一副極有尊
　　　　嚴的長者姿態）女兒啊，妳在社會上工作，千萬記住一
　　　　個原則——要賺人家錢，一定要讓人家快樂！

荷　珠　我選擇的職業就是遵照您的這個指示，五年如一日，奉
　　　　行不渝！

劉志傑　（可樂了）我這人雖然在牌桌上腦袋常發暈，做人處事
　　　　的道理可一點也不糊塗，要賺人家錢，一定要讓人家快
　　　　樂，嗯，一點沒錯，我劉志傑……

荷　珠　（逼向劉志傑）你還要不要看信？（劉志傑立即端正坐
　　　　好，將信捧起。荷珠走至劉志傑椅後）女兒我這會兒說出
　　　　這椿害您少收了三千塊的事，包管您就樂了！

劉志傑　那快說啊！

荷　珠　（下面的表演有些類似雙簧）有道是：水往低處流，人往
　　　　高處走；或者說有翅膀的在天上飛，沒翅膀的只能在地
　　　　上爬；或者說，膝蓋硬的一輩子待在原地，膝蓋會彎的
　　　　才能跑到前面；又或者說一個人戴一頂帽子是夠用，戴
　　　　兩頂帽子是暖和，戴三頂帽子就是與衆不同了，如果戴
　　　　四頂帽子呢……

　　　　（劉志傑喜形於色地用動作配合著……終於不堪。）

劉志傑	戴四頂帽子就要把人壓死了！拐彎抹角了半天妳是——
荷　珠	女兒我謀了個新職位。
劉志傑	什麼新職位？
荷　珠	新工作的老闆是當今頭號鉅商大華公司的董事長。
劉志傑	哇——？
荷　珠	由於新工作的性質需要一些新裝扮，因此花了些錢去添購，這些錢雖然目前短少了您的，但來日補償起來，恐怕您想花用都花用不完哪！
劉志傑	花用都花用不完哪？
荷　珠	花不完。
劉志傑	這等好事從哪兒找去？我這輩子竟然還有今天，我真是該樂了！
荷　珠	瞧瞧他，笑吧！
劉志傑	哈哈……
荷　珠	再笑。
劉志傑	哈哈哈……（笑得匍匐跪地）
荷　珠	你給我使勁笑！
劉志傑	哇哈哈哈……（突轉悲傷）嗚……
荷　珠	好端端的您怎麼哭啦？
劉志傑	嗚——妳給爸爸弄那麼多錢，花用都花用不完，妳叫爸爸怎麼辦嘛？
荷　珠	嗨，您別這麼沒出息啊，快起來看信吧！

劉志傑　　（起身）看信，看信。

荷　珠　　女兒荷珠之所以能有今天，全仰賴父親您一手教養，可謂沒有父親您，哪有女兒我。

劉志傑　　（得意）說得也是咧！（日語讀音：んらごすね！）

荷　珠　　還撒隆巴斯哪！

劉志傑　　想當初，妳小時候，是誰把妳拉屎痾尿、換洗尿片，誰父代母職、餵妳奶水的？

荷　珠　　爸爸您哪！

劉志傑　　妳肚子疼、頭頂生瘡腳底又流膿，是誰帶妳四下燒香，拜菩薩請醫生的？

荷　珠　　也是爸爸您哪！

劉志傑　　偷隔壁阿旺嬸兒家的芭樂，讓人家擰著小屁股給拽了回來，是誰給妳出面撐腰桿兒的？

荷　珠　　還是爸爸您哪！

劉志傑　　知道就好。

荷　珠　　但是，人生的變化實在太多了，我現在又有一個——新爸爸了。

劉志傑　　（五雷轟頂）啊？

荷　珠　　新工作的老闆因為賞識我的能力，決意收我為女兒，如今我已正式過門，陪伴雙親了。

劉志傑　　已經正式過繼給別人當女兒？

荷　珠　　您怎麼啦？

| 劉志傑 | 我怎麼啦？（逼向荷珠，荷珠退）我怎麼啦？（逼荷珠）我簡直怎麼啦？（追打荷珠，荷珠逃走，劉志傑大悲）我這糟老頭還指望什麼？我的女兒要賺人家錢還要去討人家開心，做起人家女兒了，以後的日子我要靠什麼過啊？我這裡是不想猶可，我這一想是頓覺人生乏味，情何以堪哪…… |

劉志傑　我怎麼啦？（逼向荷珠，荷珠退）我怎麼啦？（逼荷珠）我簡直怎麼啦？（追打荷珠，荷珠逃走，劉志傑大悲）我這糟老頭還指望什麼？我的女兒要賺人家錢還要去討人家開心，做起人家女兒了，以後的日子我要靠什麼過啊？我這裡是不想猶可，我這一想是頓覺人生乏味，情何以堪哪……

荷　珠　難過就說難過，沒有人難過還咬文嚼字的。

劉志傑　嗚……

荷　珠　這是在哭？

劉志傑　嗚……

荷　珠　當真在哭？

劉志傑　哇……（突停）我不哭了，起音起得太高，哭不下去。

荷　珠　不哭再看信吧你。

劉志傑　我老眼昏花、淚眼模糊看不清……

荷　珠　（指信上某處）在這兒呢！話說回來，父親您教我養我，恩重如「三」（語帶嘲諷的，手指比三）──

劉志傑　這是什麼國語？

荷　珠　於情於理我都不能棄您於不顧，所以我只是個過門的乾女兒啊。

劉志傑　乾女兒？

荷　珠　乾女兒？

劉志傑　只是乾的？

荷　珠　一滴水都沒有！

劉志傑　噗通！心頭大石落地。不早說，把我折騰得七上八下！

　　　　急病人碰上慢郎中，真他媽整人嘛！

荷　珠　日後，我在他們家享受的榮華富貴不也就是您的了嗎？

　　　　當今頭號兒鉅商有何等財富，又哪是我們這輩子花用得

　　　　完的呢？

劉志傑　花不完？

荷　珠　花不完！

劉志傑　我每天抽三十包香煙，吃五十包檳榔也花不完？

荷　珠　吃不完。

劉志傑　我每天全套馬殺雞，再帶出場，再去唱卡拉OK也花不

　　　　完？

荷　珠　唱不完。

劉志傑　我每天喝保力達B加米酒八百八十八瓶也花不完？

荷　珠　我陪您一道喝也喝不完！

劉志傑　那我可要痛痛快快的喝一場了！

　　　　（劉志傑一樂喊起酒拳，荷珠也跟著對喊上了——荷珠突停。）

荷　珠　得了！信上沒寫這一段！

劉志傑　我的觀世音菩薩瑪利亞，我的玉皇大帝阿里巴巴，我命

　　　　裡注定老來福，一會兒我就是個人見人愛的老太爺了…

　　　　…（醺醺然搖頭晃腦，沒聽到荷珠下面的話。）

荷　珠　事情就報告到這兒，收信以後千萬不要回信，也不必自

個兒就跑來，這裡一切儘管放心，最後敬祝——

劉志傑　（一巴掌打在荷珠屁股上）種瓜得瓜種豆得豆，我教的女
　　　　兒就是有出息……我要笑啊！哈哈……

荷　珠　（按著屁股）讀信幹嘛還打人？您自個兒笑吧！（下）

劉志傑　喲，幫腔的走了，這封信的感情太豐富，都是我那荷珠
　　　　丫頭害的，嗯，這麼好的乾爸爸乾媽媽，我這個滴不拉
　　　　幾、連湯帶水的濕爸爸可要去拜望拜望。慢點，人家說
　　　　做老太爺的走路都是橫的走，（端起架勢）我的好女兒
　　　　啊，爸爸來看妳啦——

　　　　（橫行下場）

第四場

（齊子孝與齊妻各自坐著想心事，趙旺在一旁拿著掃把掃地，邊掃邊打盹兒。）

齊　妻　　你說，會不會有問題？我覺得也——也太意外了。

齊子孝　　（沉重地）人生如夢，這意外的事啊，還多著呢！

齊　妻　　我說什麼你又說什麼了？（轉身不理）

齊子孝　　（走向一旁獨語）天有不測風雲，人有旦夕禍福，時運順過頭就開始背了。近來心事重重，混了這麼多年的名堂，一個周轉不靈，眼睜睜的看著就要垮了，平日那些跟前又跟後的人——現在有求於他們，他們可一個也不見了。

齊　妻　　我說，你一個人在那兒嘀嘀咕咕些什麼？

齊子孝　　（嘆氣回座）唉……

齊　妻　　好端端的唉聲嘆氣？

齊子孝　　……這件事啊，要等她養父來這兒就可以確定了，依我看，不可能有錯，這事情的詳細只有我們自己家知道，如果她是冒充的，怎麼可能把這些事一五一十的知道得那麼清楚？妳不是還說她長得像我嗎！

齊　妻　　那是我一時衝著你高興才說的，現在再看看……只有鼻

子像。

齊子孝　都長了隻象鼻子？

齊　妻　你還長了象牙呢！……趙旺！（趙旺未聞）……趙旺！
　　　　（趙旺驚醒急忙掃地）……趙旺！

趙　旺　（趨前）這會兒這兩字就是「過來」。

齊　妻　家裡發生這麼件大事還忘了交代你，我們失散了二十年
　　　　的女兒金鳳今天找來了，你多加照應著，怎麼個稱呼、
　　　　怎麼個禮數，你自己也是明白的……

趙　旺　（發愣）什麼？……

齊　妻　你以後不要亂喝酒，像昨兒個醉得那模樣，以後再見著
　　　　就不讓你進門了！

趙　旺　是……是……（仍發愣）

齊　妻　趙旺！

趙　旺　什麼？啊！（反應過來，回原位）這會兒表示「過去」。
　　　　（掃地）

齊子孝　太太，我心裡煩，我們出去走走好吧！（妻不理會）夫
　　　　人，夫──人──

齊　妻　我在這兒孵小雞呢，太太就太太，又夫──人了又！你
　　　　最近是怎麼啦，沒事就發愁發悶的？

齊子孝　（不耐）唉！眞囉唆。（逕自走向門口──）

齊　妻　（委屈，發作起來）哇──街坊啊，鄰居啊！你們都來評
　　　　評理啊，你們說這個家上上下下裡裡外外，哪兒不是我

在打理我在照料！他來了個小的就忘了我這個老的！平日裡他冷了我給他加衣服，他熱了我給他脫衣服，他餓了我給他燉補品，他吃撐了我給他下瀉藥——

齊子孝　（打斷）太太！

齊　妻　我還有一大堆話沒說，給他這麼一叫，全吞下去了。（趨前攪齊子孝）趙旺啊，老爺子今兒心情不好，你凡事得睜大眼睛！

趙　旺　是！

（二人離去）

趙　旺　哼！我看妳自己眼睛睜睜大吧！（轉念，一肚子狐疑不解）我這酒一醒，世界大變，二十年沒見著的大小姐也跑出來了！瞧瞧去！（行轉繞道）我要瞧瞧去！（行至門前，敲門）我是來整理打掃房間的！請來開個門哪！

荷　珠　來嘍——（搧著扇子，得意地走來）這可真是皇帝的家了，大小事還都有個人可以使喚的，我這個冒牌小姐做得好不安閒——快——活！（邊開門）我說，你是怎麼個稱呼的？

（門開，兩人一照面都嚇一跳，把門急速關上，各閃跳一方。）

趙　旺　這個大小姐怎麼那麼面熟啊！

荷　珠　這個大爺好像在哪兒見過？

（二人躡手躡腳走向門，沿著門縫上下窺望，不期然四目相對，二人驚呼跳開。）

荷　珠　呵，這不是那個趙總經理嗎，這會兒怎麼成了掃地的？

趙　旺　哎呀慢著，這不是那個荷珠嗎，這會兒怎麼成了金鳳小姐來了？我該沒走錯地方吧！

荷　珠　我明白了，這小子我當初一眼就看穿是個冒牌貨，果然當場給我逮個正著，不過這可不好，他如果把我揭穿了，嗯……我得先殺殺他威風才是——（將門打開，吹口哨，示意趙旺入門，趙旺入，荷珠將門一把關上，趙旺驚）我說，掃地的，你是怎麼個稱呼的？

趙　旺　（虛張聲勢）我！

荷　珠　嗯？

趙　旺　（洩了氣）我……我……我我…………

荷　珠　大便還是小便，你ㄨㄛ個沒完也不成啊！

趙　旺　我叫趙旺。

荷　珠　哪兒喲！你客氣了，你是趙總經理，你是我們老爺最好的朋友，你們一塊兒開車，一塊兒上街買東西，你們還磕過頭親過嘴的！

趙　旺　那……那也沒錯啊。他的車子是我開的，我們是同出同進、同進同出的！

荷　珠　有錢人像你們這樣的好朋友真是少見，老爺累了你還替他泡茶，老爺添了個新女兒，你還替他來打掃房間呢！

趙　旺　好朋友來往有很多種方式，我們是另外一種！

荷　珠　（曖昧地用扇子遮著臉）哪一種啊？

趙　旺　　妳呀也別儘挑人的，自己把身分往扇子後面藏。（用掃
　　　　　　把撞開荷珠的扇子）

荷　珠　　堂堂一個金鳳大小姐，我有什麼好藏的？
　　　　　　（荷珠將扇子重重往桌上一放，趙旺見狀，隨即更用力地將
　　　　　　掃把壓在扇子上。）

趙　旺　　妳還真當我不認得妳啊，妳不就是那荷……

荷　珠　　呸！大河小河黃河淡水河飯盒餅乾盒，合得著就蓋，合
　　　　　　不著就塞，我怎麼又「得兒」——河了喲。

趙　旺　　我才說了一個荷，她連飯盒餅乾盒都搬出來了——妳不
　　　　　　就是那珠……

荷　珠　　呸，珍珠寶珠大豬小豬母豬公豬肥豬和蕭孃珠，我這會
　　　　　　兒又「得兒」——珠了喲！

趙　旺　　剛說了一個珠，她就把我帶到豬圈去了。我乾脆兩字一
　　　　　　塊兒說，妳是——荷——珠！

荷　珠　　這人那天晚上醉得連自己是誰都不知道，倒把我這名字
　　　　　　還記得挺清楚的。……我說，趙旺叔叔啊！

趙　旺　　還趙旺伯伯、趙旺公公哪！

荷　珠　　我說趙旺哥哥啊！

趙　旺　　這種叫法兒真讓人從心裡就舒服，嗯……妳剛剛在叫誰
　　　　　　啊？

荷　珠　　我叫誰？我叫魂啊！面對面的我叫誰？

趙　旺　　說吧！

荷　珠　　這個……人的名字是不是自己的？

趙　旺　　是啊，人的名字當然是自己的。

荷　珠　　我這「荷珠」的名字是別人取的，我不喜歡；「金鳳」
　　　　　這名字是我自己取的，因為我喜歡。你說，這有什麼不
　　　　　對？

趙　旺　　這……妳對，我不對，我可是把話講在前頭，妳這「小
　　　　　姐」還在我手心裡捏著呢！如果我叫妳小姐妳就是小
　　　　　姐，我不叫妳小姐（解）哪……妳就只有把那泡尿給憋
　　　　　著帶回家去！

荷　珠　　這話怎麼說？

趙　旺　　妳不信，待會兒老爺太太回家，我把妳身分一抖出來，
　　　　　嘿，那時候我把妳好有一比——

荷　珠　　比作何來？

趙　旺　　伊朗國王——巴勒維。（菲律賓總統馬可仕亦可）

荷　珠　　這話又怎麼講？

趙　旺　　把妳從門裡往門外——轟出去啦。

荷　珠　　那那……那我不正好是投靠到您府上——美國來求救
　　　　　嗎？

趙　旺　　門兒啦！我們美國現在也不要妳啦。

荷　珠　　哎呀，趙旺哥哥您得給我兜著點啊。

趙　旺　　兜著點？這碗肥水我自己一滴還沒分著，幹嘛給妳一個
　　　　　外人兜著？

荷　珠	我是會報答您的啊！
趙　旺	哦，妳是怎麼個報答法兒呢？
荷　珠	我在這兒享了福絕不會少了您的，老爺太太面前我還可以替您撐撐腰桿兒。
趙　旺	就這樣？
荷　珠	日後我的財產嘛，橫豎也和您分著花用，誰叫我們是──自己人呢！
趙　旺	嗯，果然這樣倒是不錯。──不過嘛──
荷　珠	不過什麼？
趙　旺	不過，妳還得先叫我聽聽好聽的。
荷　珠	還來啊！這小子真還上癮了，敢情這輩子被人罵得太多，現在要撈本撈回來。
趙　旺	（臉拉長了）叫是不叫？
荷　珠	你別哭啊，我這就要叫了，聽著！
趙　旺	（湊上來，一臉滿足）我聽著。
荷　珠	我說──旺兒啊！
趙　旺	ㄟˋ（氣得跳腳）又得兒旺兒了，旺兒也是妳叫的？我自己還捨不得叫呢！
荷　珠	這樣──你教，我來學著就是了。
趙　旺	我教妳？成，瞧著啊……（示範動作，極盡妖嬈之能事）出得門來這麼一擺，這麼二擺，再這麼一撫（唸ㄨˇ）……

荷　珠	這是什麼年頭時興的動作哇？
趙　旺	再這麼一權（唸ㄑㄧㄚ）腰，還要飛眼……
荷　珠	我還得飛眼？
趙　旺	然後妳就瞧見我了──喲……
荷　珠	哪兒失火了？
趙　旺	原來是──我那親親的……
荷　珠	香皂？
趙　旺	熱熱（ㄇㄨㄛˊㄇㄨㄛˊ）的……
荷　珠	麻糬？
趙　旺	我的趙旺哥哥呀！
荷　珠	幹嘛還得「呀」呀？
趙　旺	不「壓」怎麼吃麵條啊，來，照這樣演習演習！
荷　珠	這會兒不聽他的還不行了，您瞧著……（模仿趙旺動作）出得門來，要這麼一擺，這麼二擺，還要這麼一撫。
趙　旺	妳成了二百五。

（荷珠受窘嬌嗔，趙旺得意。）

荷　珠	再這麼一權腰，喲──
趙　旺	（抗議）妳還沒飛眼哪。
荷　珠	再這麼一飛眼，喲──
趙　旺	（用更撒嬌的聲音示範）喲──
荷　珠	喲──
趙　旺	（更強調）喲──

荷　珠	（簡直成了山羊叫）喲——（趙旺滿意）原來是我那親親的、熱熱的……
趙　旺	砸了！
荷　珠	怎麼砸了？
趙　旺	不是熱熱的，是ㄇㄨㄜˊㄇㄨㄜˊ的！
荷　珠	幹嘛非得ㄇㄨㄜˊㄇㄨㄜˊ的？
趙　旺	我就愛這味兒嘛，再來一次！
荷　珠	導演也只要我來一次，這段戲敢情是他自己加的？
趙　旺	妳不聽話？
荷　珠	（強自按捺）好，你給我瞧著了！（開始比劃）出得門來，要先這麼一擺，這麼二擺，再這麼一撫。（下面句子連動作一口氣唸完）還得這麼一權腰再這麼一飛眼喲喲喲喲喲喲喲原來是我那親親的熱熱的趙旺哥——哥——呀！
	（齊子孝與齊妻入）
齊子孝	金鳳，開門哪。
	（兩人急忙拿起自己的東西掩飾，但是荷珠拿了趙旺的掃把掃地，趙旺拿了荷珠的扇子逕自搧著。）
荷　珠	門沒鎖啊！
	（夫妻開門，不察，倚門說話。）
齊　妻	趙旺！（趙旺原以左腿置右腿上翹著，聞聲突改以右腿置左腿上）房間已經打掃好了嗎？

趙　旺　　差不⋯多⋯好⋯⋯了。

齊　妻　　清掃完事去交代廚房，晚飯加點菜啊！

趙　旺　　是的。

齊　妻　　金鳳！（荷珠未反應，專心掃地）金鳳！

荷　珠　　啊！我就是，我當是叫別人呢！

齊　妻　　妳要什麼東西，儘管叫趙旺去跑腿，喔！

荷　珠　　是的。

（齊與妻轉身欲去，走走又轉回頭望了一下，誤以爲自己眼花了，此時屋內二人已迅速交換還原，但荷珠拿著扇子作掃地狀，趙旺用掃把搧涼著。二老又去，走走又停住，屋內已變成荷珠用掃把搧涼，趙旺用扇子掃地，兩人又急換，變成二人都坐著搧涼，再換，二人一起掃地⋯⋯好不容易結束了這番瞎折騰，終於趙旺用掃把掃地，荷珠用扇搧涼，二人驚喘不已⋯⋯）

第五場

（齊妻與荷珠端坐著，趙旺擦桌子，伺候於一旁。）

齊　妻　　吃飽了嗎？

荷　珠　　吃飽了。

齊　妻　　要不要再喝點什麼？

荷　珠　　不用了。

齊　妻　　能不能喝酒？

荷　珠　　（喜形於色）噢……這……勉強一點點還可以，多了就
　　　　　不行了。（趙旺一旁以眼色警告）

齊　妻　　趙旺！（趙旺取酒）妳說妳本來在什麼公司行號上班
　　　　　的？

荷　珠　　我在一家大眾傳播公司。

齊　妻　　做什麼呢？

荷　珠　　我搞公共關係。（趙旺注酒，聞言差點打翻）我已經把
　　　　　那個工作辭掉了，打算幫忙父親的事業，有道是，自己
　　　　　人手不耕外人田！對吧！（舉起酒瓶補滿自己的酒杯，然
　　　　　後大口喝下，齊妻發怔，趙旺不忍看。）

齊　妻　　一點也沒錯，自己的田地是不用外人來耕作。趙旺，去
　　　　　請老爺也過來，這人近來成天唉聲嘆氣的……

荷　珠	（制止趙旺）不用！我來叫喚就成了。（興奮得扭擺著走到門口喊著）爸——爸呀——來這邊兒坐坐呀——喝兩杯呀——
齊　妻	這是什麼腔調？
趙　旺	看家本事又要出來了。
齊子孝	（入）失而復得是女兒，得而復失是財富，得得失失，福禍難知。你們母女倆有什麼事？剛剛我聽到一聲慘叫，是什麼？……
齊　妻	別胡謅啦，是你女兒請你過來坐坐——
荷　珠	對啦，灌兩口黃湯，神仙遊四方——爸爸，我們猜酒拳，喊酒令，我的酒拳可划得好噢！（喊起酒拳來）
趙　旺	哈——啾！
齊子孝	趙旺，你在那兒沒事可做還會冷嗎？（趙旺急忙擦桌椅）金鳳，妳養父該收到信了吧！
荷　珠	我昨兒就把信給寄了。爸爸，為我們的重逢來乾一杯。（對乾）……再為父親的事業乾杯！（自己一飲而盡，接著哼起小調來）好酒啊兩三口啊真快活啊不想走啊……（又待取酒，被趙旺暗中急急阻擋，荷珠不從，趙旺索性搶走酒瓶，荷趙二人爭搶起來……）
齊　妻	（悄語）這倒好，說著說著唱起來了，我這裡愈坐愈不安心，這個女人讓人怎麼看，總覺得渾身上下有股邪味兒，我得想法兒搞個清楚。

齊子孝　　（對齊妻）這孩子還真是興奮，一天就看她樂呵的，這
　　　　　會兒又喝得連酒有多厲害都不知道了。金鳳！妳的養父
　　　　　待妳如何？妳喜歡養父還是爸爸？

齊　妻　　得了吧，就這問題你已經問了五、六回啦，養父怎麼比
　　　　　得上親生父親呢？

荷　珠　　對啊對啊。

齊子孝　　人生的變化真和股票市場一樣，說跌就跌，說漲就漲，
　　　　　昨天你掉了的東西，今天又找到了；今天你有錢，明天
　　　　　你又變成窮光蛋。

荷　珠　　爸爸說得很有道理，昨天你是窮光蛋，今天很可能就變
　　　　　成有錢人，今天你找到的東西，明天——可能又跑掉了
　　　　　……

趙　旺　　哈——啾！

齊子孝　　趙旺！

齊　妻　　（起身悄語）有了！我有法子來證明這女兒到底是真是
　　　　　假，瞧我的——（坐回）金鳳啊！妳這一點酒還夠喝
　　　　　嗎？

荷　珠　　馬馬虎虎，我就將就著了。

齊　妻　　（裝腔作勢，彷彿有重大心事）金——鳳——啊——

荷　珠　　我的媽呀！

齊　妻　　妳說，妳和妳爸爸哪一點像？

荷　珠　　噢——鼻子像。

齊　妻　　妳還捨不捨得離開我們？

荷　珠　　（驚起）媽呀！妳怎麼說這樣的話？（衝動做作地抱住齊
　　　　　子孝大哭）爸爸！我們再也不要分開了！

齊子孝　　（撫慰）乖女兒，真是乖女兒！（對齊妻）妳就不要提這
　　　　　種感傷的事好不好。

齊　妻　　（哽咽）但是，媽要告訴妳一件最近家裡發生的不幸事
　　　　　情。

荷　珠　　什麼事？

齊　妻　　（作戲地大哭）哇……

齊子孝　　什麼事？

齊　妻　　金鳳啊！妳爸爸公司最近被人作弄，狠狠的作弄——已
　　　　　經——已經倒閉了。

眾　人　　什麼？

齊　妻　　我們真是苦命啊！這麼大的家產……

齊子孝　　（至台前悄語）不對啊！這個事情除了我，沒有第二個人
　　　　　知道，這個小女人是怎麼知道的？（回）

趙　旺　　（至台前悄語）這才邪門兒了，倒閉就是表示這個家完蛋
　　　　　了，這……這……我還有什麼好混的？（回）

荷　珠　　（至台前悄語）費了那麼大事，現在她說倒閉了，難不
　　　　　成，作賊的還真上了賊船，白搭一場？慢著，我弄清楚
　　　　　些。（回）媽呀，您在開玩笑吧？爸爸，這不可能的是
　　　　　吧？

齊　妻　　這種事我開玩笑，公司不倒也會被我說倒啦！我們眞是倒楣，這麼大的家產都完蛋了，從今以後只有縮衣節食、粗茶淡飯——嗚——沒好日子過了。

齊子孝　　這件事啊，我們也不必看得太悲觀，唉，本來，人生如夢啊！我不是說嘛，昨天你掉了女兒，今天又找到了，今天你有錢，明天又可能變成窮光蛋。唉！

（齊妻傻地抬起頭，似乎這才聽懂了平日沒聽懂的話，但又無法置信。此時劉志傑衣著講究，手持信封，東張西望地找來——）

趙　旺　　（至台前悄語）這還眞是緊張懸疑，步步驚魂哪！看這老倆口神情曖昧，還眞摸不著他們葫蘆裡到底賣的什麼膏藥？（回）

荷　珠　　（至台前悄語）這一搭一唱可愈演愈逼眞啦。我這兒差不多也涼了半截（回）——爸爸，您打算怎麼辦呢？

齊子孝　　唉——

（劉志傑按門鈴，鈴響。）

趙　旺　　您倒是說話啊？

齊子孝　　塞翁失馬，焉知非福。我的女兒離散二十年竟然又找到了，這也算是個安慰了。太太，妳怎麼啦？

齊　妻　　（怔怔地）趙……趙旺，開門去。

（趙旺一開門，正好迎上劉志傑欲按門鈴的手指——）

趙　旺　　（沒好氣）幹嘛！你要——找——誰？

劉志傑	我要找……找……荷珠丫頭。
趙　旺	（突然警覺）你是她什麼人？
劉志傑	（神氣地）說出來怕佔你便宜。
趙　旺	別開心啦！你──（突領悟）你是她──爸──爸！
劉志傑	哎！（得意地一把推開趙旺，大步跨進門）
齊子孝	趙旺，誰來了？（見劉志傑）您是……

（荷珠一見，猛然站起又猛然坐下，忿忿將背朝向劉志傑。）

劉志傑	兄弟劉志傑。
趙　旺	你一個人六隻鞋？
劉志傑	劉──志──傑！
趙　旺	噢！您是荷珠的……
劉志傑	爸爸！
趙　旺	哎！（佔了便宜就走）
劉志傑	我那丫頭在這兒嗎？啊！（瞧見）荷珠，我差點認不出來啦，妳這一身打扮真是不一樣啊！
荷　珠	彼此彼此。
齊子孝	（傻瞪著劉志傑）啊──是──是──你是老劉，我認出來了，二十年前我們是鄰居啊！
荷/趙/妻	（驚訝地）什麼？
劉志傑	你是……
齊子孝	我齊子孝啊！大華公司的董事長──齊──子──孝啊！

劉志傑　　你一個人七隻腳？

齊子孝　　齊──子──孝，我是金鳳的父親。太太，這位就是我常向妳提起的老劉啊！

　　　　　（劉志傑怔怔地望著齊子孝）

齊　妻　　（悄語）這戲愈演愈逼真了，先來了個小的，這會兒又來了個老的！

荷　珠　　（悄語）這到底是怎麼回事，我究竟是給誰生下來的？

劉志傑　　唉──呀！你──你──不就是老齊嗎!?

齊子孝　　可不，二十年啦！

齊　妻　　劉先生，剛才喚小女作「荷珠」，這是您給她取的名字嗎？

劉志傑　　可不，用了二十年啦！

荷　珠　　（站在齊子孝和劉志傑的中間望著劉志傑）爸爸！

齊／劉　　哎！

荷　珠　　（大驚失色，傻望著齊子孝和劉志傑，不解地）兩個……

劉志傑　　這也沒什麼關係嘛，兩個爸爸恰恰好！

荷　珠　　（快哭了）唉喲！

劉志傑　　荷珠啊──哦，金鳳啊，妳真是能幹，天大的好消息還瞞著我，老齊──哦，齊董事長和我是二十年前的鄰居哇！

荷　珠　　您的意思是，我是──（手指齊子孝，齊子孝與劉志傑點點頭）我不是──（手指劉志傑，齊子孝與劉志傑搖搖頭）

劉志傑　　聰明的孩子，二十年的秘密原來妳早就知道了，然後故意給我一個驚喜是吧？

趙　旺　　(忍無可忍) 到底她是誰生的？是七隻腳還是六隻鞋？你們可要把事情弄清楚喔，我不被折磨死了才怪！

齊　妻　　你急個什麼勁兒？他們能生嗎？金鳳當然是她媽的──
(眾愕然，「嗯？」) 是她媽生的。來來！大家來喝酒吧！
(齊妻一把將發愣的荷珠拉過去，眾人紛紛嚷著「喝酒喝酒」慶賀起來。)

劉志傑　　我敬董事長和董事長夫人，我們從此就是一家人了，俗話說，衣服會穿破，米飯會吃盡，我們啊，可是永遠不分離的好親家。

齊子孝　　(沉重地) 唉，人生的變化眞是太多了。

劉志傑　　(愉快地) 眞是一點沒錯，我能攀上像董事長這樣有錢的親家，可眞是我祖宗修來的！

齊子孝　　劉兄有所不知，兄弟經營的事業最近因爲被人倒閉，眼見就要垮了，又沒有一個朋友能出錢相助以度難關，唉，現在可以說是完蛋了。

齊　妻　　好啦好啦，別再跟我逗了，我剛剛只是說著開心好玩的，你就沒完沒了的不下台了？

荷/趙　　說著玩兒的？

齊　妻　　當然是玩兒的啦，我故意逗妳爸爸，給他一個警告，看

　　　　　他成天愁眉不展，生意還做得下去嗎？

劉志傑　　這……什麼玩法？你們有錢人家玩的遊戲我怎麼看不懂
　　　　　啊？

荷　珠　　媽咪！我們家真的沒變？（齊妻搖頭）我的觀世音菩薩
　　　　　瑪利亞！（語調表情一如第三場劉志傑的表演）我的命裡
　　　　　注定享福啊——我剛剛失望得差點要跳樓！趙旺——

趙　旺　　現在到底誰是爸爸？

荷　珠　　你還管誰是？有錢的就是！（與趙旺同樂而忘形，緊抱
　　　　　住齊妻，一個親吻——）媽咪！

趙　旺　　（緊抱荷珠，一個親吻——）媽媽咪呀——

劉志傑　　荷珠——噢，金鳳啊，這是怎麼回事啊？

荷　珠　　沒事，我們好好喝兩口慶祝慶祝！

趙　旺　　我侍候！喝酒！

　　　　　（劉志傑、荷珠、趙旺三人注酒飲酒樂成一團。）

齊子孝　　（走向台前悄語）我只道財去人空，好歹女兒還是自己的
　　　　　女兒，再看看，這女兒的念頭倒比外人的念頭還來得勢
　　　　　利，我才說要垮，她竟然失望得要跳樓。嗚呼——罷
　　　　　了，我還是說明真相吧。（回，故意大聲長嘆）唉——
　　　　　人生多變化啊！

趙　旺　　（一口酒在嘴裡差點嗆死）怎麼人生又要變化了？

荷　珠　　這……人生不要再變化了！

齊　妻　　這……人生沒有變化！

（眾屏息以待，目光由齊子孝移至齊妻，又移回齊子孝。）

劉志傑　　這人生啊……嘿嘿……（故作解人狀，左右看仍不解，乾脆舉杯仰頸）這人生（蔘）很補啊！（一口乾了）

齊子孝　　（終於決定開口）這個事情啊——

齊　妻　　（緊接口）大家再來喝點酒，我們這兒可算是喜事啊！趙旺，給金鳳的爸爸倒酒。

趙　旺　　（遲疑）哪一個爸爸？（手指比六，又比七）

齊　妻　　都倒。

齊子孝　　這個事情說起來……

齊　妻　　趙旺倒酒……

齊子孝　　這個事情……

齊　妻　　倒酒啊，趙旺……

齊子孝　　我說……

齊　妻　　倒酒……

齊子孝　　我……

齊　妻　　再倒……

齊子孝　　我我我我我……

齊　妻　　倒倒倒倒倒……

（趙旺倒酒倒到不可收拾）

齊子孝　　我還能不能說話？

齊　妻　　你到底要說什麼？

趙　旺　　我還要不要倒酒啊？

齊子孝　　（念頭一轉）太太，我們來乾一杯。（自己一飲而盡，齊妻見狀也仰頸而飲，齊子孝趁著空檔急忙飛快地說話）我的公司確實被人倒閉了我不知道妳媽媽為什麼說是開玩笑我可是——當——真——說的！

（齊妻差點噎到，眾人猜疑不已，分別走到台前悄語。）

荷　珠　　本想找個好職業，現在看樣子大有問題了，一個窮爸爸已經夠我受了二十年，這會兒又添了一個。但是聽那小媽媽的話，這事兒又像是個詭計，我得弄清楚！

趙　旺　　我這點善解人意的本事用不上了，只看他們一會兒上山一會兒又下了海，把一個聰聰明明的小趙旺折騰得像是老太太拐了小腳——怎麼也跟不上，不過跟不上還是得跟上！

齊　妻　　看老頭子近來神色不寧，莫非這事兒真出問題了？天哪！趕這個節骨眼上，偏還惹來這麼幾個貓哭耗子的。嗯，我得小心捏著！

劉志傑　　我還當是和了一副清一色，弄了半天原來是放炮！賠了夫人又折兵的事我可不幹，荷珠丫頭好歹是我養大的，如今看看沒指望了，回頭再去那個大眾傳播公司搞什麼公共關係，我沒事還能摸個兩圈，嗯，得把女兒騙回來。

（眾人回位，一齊裝作愉快笑嘻嘻的樣子。）

趙　旺　　老太爺福壽好比南山，事業得意、失意不過是人生中的

小事，同時以老太爺在江湖上的字號兒也絕不是輕易倒得下來的，我看……

齊　妻　小趙旺這會兒懂道理了。（對荷珠）其實呢，妳爸爸和我只是想知道我們的女兒是不是真心的，所以故意這樣講講，我們家還是好好的……

荷　珠　不不不不不！即使父親明天真的就變成窮光蛋，我還是永遠愛他老人家，有道是：父母總是自己的好……

劉志傑　NO NO NO NO NO！我想——荷珠還是跟我走比較好，免得你們在這種情況裡還添了負擔，我心裡也過意不去……

齊　妻　哎，要真是這兒的女兒當然是待在這兒啦，不過話又說回來，你們父女倆相處那麼多年，我們也不好意思強把你們分開，是吧？

劉志傑　（悄語）這個小女人說變就變啊?!（對眾）唉，坦白講吧，人生多變化！荷珠並不是你們的女兒。

眾　合　（這下子一擁而上，群起攻之）怎麼又不是啦？

劉志傑　你們的女兒叫金鳳，她叫荷珠。

齊　妻　那麼她是誰？

劉志傑　她是我的女兒。

齊　妻　我的女兒金鳳呢？

劉志傑　你給了我啦。

趙　旺　她人哪？

劉志傑　　她從小在我家。

荷　珠　　後來呢？

劉志傑　　後來就……就……

眾　合　　就怎麼樣？

劉志傑　　就長大了。

眾　合　　長大以後呢？

劉志傑　　（無辭以對）長大以後就被「河」裡的「豬」吃掉了！
　　　　　所以她現在叫做「河」「豬」！（一溜身閃至一邊）

　　　　　（眾人發怔）

荷　珠　　我……我到底是誰啊？

　　　　　（荷珠氣憤扭身而下，眾皆頹喪，心煩意亂在廳中踱步或呆
　　　　　坐。）

　　　　　（老鴇戴著一副時髦的墨鏡，刻意的穿著高貴漂亮，一扭一
　　　　　擺入。）

老　鴇　　人逢喜事精神爽，新衣新鞋——（拋個媚眼，故意挺挺
　　　　　胸，原來她還戴了個特大號胸罩）新花樣！瞧我那荷珠丫
　　　　　頭都換了個身分，媽媽我還不趕緊來分一杯羹——成
　　　　　嗎？（按門鈴）

　　　　　（房內眾人只是唉聲嘆氣，鈴又響，仍無人應。）

老　鴇　　莫非這家人都正在摸八圈，以為警察來抓賭？媽媽我不
　　　　　拿出看家本事是不行啦！（捲袖叉腰大叫）這裡面有人
　　　　　沒有？給我來開門哪……

趙　旺　（忍無可忍）開門去！

　　　　（齊子孝、齊妻、劉志傑不假思索地急忙應門。門開，老鴇
　　　　花枝招展地微笑。）

老　鴇　嗨！

衆　合　（齊聲有力沒好氣的）找誰？

老　鴇　（嚇壞了）荷……荷……荷……业……业……ㄨ……
　　　　珠。

齊　妻　老太太，不要怕，您是荷珠的什麼人？

老　鴇　老太太？（四下張望）這是叫我？（恢復嬌態）我是荷
　　　　珠的乾媽！（跨步入室內，取名片遞給齊妻）哪，這是妹
　　　　妹我的名片。

齊子孝　（一肚子不高興）嗤，又來了個乾媽了又──我看她像乾
　　　　爹。

老　鴇　（挺胸）哎，老傢伙，你這張發霉帶銅臭的嘴幹啥罵人
　　　　哪？你算那顆蔥呀！

齊子孝　（憤然）我是這兒的主人，我心情不好，愛罵誰就罵
　　　　誰，不愛聽您就請回去！

老　鴇　好哇──你當你有錢就可以隨便欺負人？我可是看你們
　　　　女兒回門，特地來道喜的，你還當我是來求你的？老娘
　　　　我闖蕩江湖幾千年──噢不，幾十年，還沒有人敢這樣
　　　　對我……

齊子孝　年輕人時興不分男不分女的，她這把年紀還要打扮得陰

陽怪氣的，我一眼就能看得出她是什麼場面上的貨！

齊　妻　（遞老鴇的名片給齊子孝，悄悄提醒他）你這是做什麼？
誰惹了你啦？人家可是金鳳的乾媽。

齊子孝　（更氣了）我們家是在辦懇親會嗎？平常什麼親人都沒
有，今兒個來個沒完，我們自己麻煩還解決不了，外人
來湊什麼熱鬧──（看到手上名片時突然怔住）

老　鴇　老娘──老娘我今天真找對門了，他媽的──

齊子孝　（緊接著，喃喃唸著名片）──夜來香大眾傳播公司董事
長！

老　鴇　（想想再罵）老娘是男是女干你鳥事，他媽的──

齊子孝　（緊接，喃喃）夜來香董事長。

老　鴇　（唉，再罵）他媽的──

齊子孝　（緊接）夜來香。

老　鴇　他──媽──的。

齊子孝　夜──來──香。

老　鴇　你還在罵我！

齊子孝　（如夢初醒，獨語）哎呀呀，救星來啦，這不正是我千等
萬等的觀世音菩薩嗎！糟糕了，快補救。（轉對老鴇，
滿臉甜蜜的笑容）嘻嘻嘻嘻……（笑得太劇烈，眾人全傻
了）……失禮失禮，董事長今天怎麼會光臨舍下，真是
蓬蓽生輝，蓬蓽生輝啊！

老　鴇　（不解）話怎麼會說到這兒來的？老頭兒，方才我們還

　　　　　沒吵完，你別太快講別的——老娘像男像女干你鳥事，
　　　　　你憑什麼瞧不起我的長相？

齊子孝　　誤會誤會，我是——

老　鴇　　他媽的，你明明說我陰陽怪氣！

齊子孝　　誤會誤會，我是說——

老　鴇　　你說誰？你說誰？

齊子孝　　我是說——我是說我自己。（換上怪異音調和動作，忸怩
　　　　　地對老鴇求情）我說話有時候意思會說不清楚嘛，董事
　　　　　長不要介意嘛！（作狀，用手撒嬌地推推老鴇）

老　鴇　　（也推齊子孝一把）那你就說清楚嘛——

齊子孝　　（又推老鴇一把）好嘛。

　　　　　（齊子孝推得太大力，老鴇不慎沒站穩，被旁邊的劉志傑一
　　　　　把抱住，老鴇急忙掙開，將胸罩扶穩。）

齊　妻　　趙旺！扶我一把——（快昏倒）去問老爺他怎麼了？

齊子孝　　不要囉唆！我嗓子今天不順暢。（對老鴇）嗨，董事長
　　　　　啊，您，您原來就是我們女兒的老闆啊！

老　鴇　　兼乾媽！

齊子孝　　是的是的，都是自己人嘛！

　　　　　（除了齊子孝以外，眾人俱躡足至台前悄語。）

眾　人　　（輪聲）這——這——這——……（合聲）這裡面有問題
　　　　　啊！

劉志傑　　這個姓齊的那張長臉突然變成圓臉了！

老　鴇　　狗嘴裡突然長出象牙來了！

趙　旺　　身高也矮了半截。

齊　妻　　連聲音和姿勢也變了樣兒！

衆　人　　（合聲）這裡面有文章！

老　鴇　　莫非我這一身打扮眞還被人看破，要弄個什麼花樣來算
　　　　　計我老人家？我得小心防著點，這個地方的人看起來都
　　　　　古里古怪、色迷迷的。

劉志傑　　可不是嗎！難道有錢人都是這調兒？荷珠丫頭也不知道
　　　　　從哪兒找來那麼多爸爸媽媽，還都盡是做老闆的？這回
　　　　　這個我可得問清楚，別再來個倒閉的了！

趙　旺　　這碗肥水被這土包子（指劉志傑）攪和得快成一碗渾水
　　　　　啦，現在這個老醜八怪（指老鴇）也趕上來，不用說，
　　　　　也是來分杯羹的，我原當是沒搞頭了，現在看老爺那張
　　　　　臉好像還有名堂，嗯，小心瞧著，先別被那老醜八怪認
　　　　　出我來。

齊　妻　　這局面比台北市的交通還複雜，打從這女兒進了門，日
　　　　　子就沒安寧過，老爺老爺突然變性，劉老頭劉老頭出爾
　　　　　反爾，連個小趙旺也變得神經分分。哼，我先弄清楚這
　　　　　乾媽是不是眞的再作道理。

齊子孝　　（此時亦躡足趨前悄語）我這生意走到絕路，硬是沒有人
　　　　　搭一把，正想宣佈倒閉，偏來個活菩薩！那邊劉老頭分
　　　　　明是見風轉舵、愛富嫌貧，這邊這個董事長親家我可得

把握住。

（眾人各懷鬼胎回位，一起裝作愉快笑嘻嘻的樣子。）

齊子孝　這位——董事長啊您請坐啊。

（老鴇欣然就座，眾亦坐。）

劉志傑　我說——乾媽董事長！你這個老闆倒不倒閉的？

老　鴇　喲，我打從一進門，每個人趕著來欺負我啊？告訴你，
　　　　我們生意可好啦，我們客人每天都是排隊等著上門的，
　　　　什麼倒不倒閉，咒我啊，你這個咯嗞咯嗞的檳榔嘴！

齊子孝　什麼倒閉，亂講，董事長我們不要理他。

齊　妻　我說董事長啊，我們來給您的乾女兒一個驚喜您說怎麼
　　　　樣？

老　鴇　噢，Surprise？

齊　妻　Yes！（至門邊）金鳳啊！看誰來看妳啦！（悄語）我倒
　　　　要看看金鳳突然看到她是怎麼稱呼的！

荷　珠　（入，望見老鴇，兩眼發直）媽媽桑！

老　鴇　乖女兒！

荷　珠　天老爺，妳來這兒幹什麼呀？

老　鴇　丫頭，我趕來恭喜道賀的啊，再說，我們都是一家人
　　　　了，彼此認識一下，日後彼此也有個照應哇。

齊　妻　（安心滿意狀）董事長啊，我們可真是一家人啊！

齊子孝　我們真是有緣千里來相會！

老　鴇　可不是嗎！（對荷珠擠眼）沒錢對面不相識啊。

（荷珠哭笑不得，坐也不是，走也不是。）

齊子孝　董事長，小女金鳳多虧您一手栽培，我們非常感激——

老　鴇　呃？——金鳳是……您的意思是說荷珠？

齊　妻　荷珠就是金鳳。（下面幾句話，每個人都用手指著荷珠說）

劉志傑　（繃著臉）荷珠就是荷珠。

齊　妻　誰說的？金鳳就是金鳳。

齊子孝　對啊，金鳳就是金鳳，但是荷珠也就是金鳳。

劉志傑　不對不對，金鳳不是金鳳，荷珠才是荷珠！

趙　旺　（急忙岔嘴）哎，你們搞錯啦！金鳳就是荷珠！

齊　妻　你才說反了，荷珠才是金鳳！

齊子孝　荷珠才是金鳳？金鳳才是荷珠啊！

趙　旺　你們——哎，金珠就是荷鳳，荷鳳也就是金珠啊！

（眾皆四顧愕然，不解話怎麼說成這樣了。）

劉志傑　得了，別磨菇了——什麼金珠不荷鳳的，我說——荷珠
　　　　的媽呀！（對老鴇招手，示意前來商量）

　　　　（老鴇與齊妻一同前來）

劉志傑　我是說那個老一點的。

　　　　（老鴇與齊妻一同轉身回座）

劉志傑　我是說那個既年輕又漂亮，身材特別健美的。

　　　　（老鴇與齊妻一同前來，但聽到話說一半，齊妻折回，老鴇
　　　　挺著胸，得意地走到劉志傑旁。）

劉志傑　荷珠多虧您一手栽培，我非常感激——

老　鴇　　這我剛才聽過了。

劉志傑　　荷珠的意思是想回您的老公司服務，感情好，事情熟，
　　　　　做起來比較順手——

老　鴇　　老小子剛咒我倒閉，現在怎麼又來這一套啦？

劉志傑　　我要解釋一下剛才我開的小玩笑，事情是因爲老公司
　　　　　（手指老鴇）信用好、水準高，尤其——生意特別好；而
　　　　　新公司（手指齊子孝）信用不好、水準不高，尤其——
　　　　　生意已經倒——

齊子孝　　（急忙將劉志傑一把扯開）實在人生多變化，我要解釋一
　　　　　下剛剛我開的一個小玩笑——

老　鴇　　慢著，你們剛才開了我老人家多少玩笑？

齊子孝　　大家都請坐，我把話說明白了。

　　　　　（眾人哭笑不得，只得入座。齊子孝深呼吸一口，培養好情
　　　　　緒。）

齊子孝　　我的生意仍然是興隆發達，我的家產仍然是全國首富。
　　　　　我只是——（憂傷起來）很懷念創業以前的窮苦日子，
　　　　　所以剛才故意那樣說。我是希望（情感爆發）——我不
　　　　　要忘記我也是窮苦人過來的，我希望一個人在得意的時
　　　　　候還能記得那些——（愈來愈激動入戲）不得意的可憐
　　　　　的卑微的弱小的被輕視被壓榨的事情——和——人物
　　　　　——我希望大家——了解。

　　　　　（眾人感動的起立鼓掌）

荷　珠　　老──爸！

趙　旺　　老──爺！

齊　妻　　老──公！

劉志傑　　老──齊！

老　鴇　　老──（老鴇無辭，一轉身差點被劉志傑高舉的雙手撞到
　　　　　　胸部）老色鬼！你到底是荷珠的什麼人哇？

劉志傑　　我是荷珠的……

眾　合　　嗯？

劉志傑　　我是她的養父。

齊子孝　　（快樂地宣告）好極了，所有事情都清楚明白了。今後董
　　　　　　事長和我們就是一家人了，董事長是金鳳的乾媽，也等
　　　　　　於是金鳳的母親，既然是一家人，妳的就是我的，我的
　　　　　　就是妳的，我希望，董事長的公司能夠和兄弟我的企業
　　　　　　合作──

老　鴇　　我們心裡的話眞是一模一樣啊，我們既然是一家人，你
　　　　　　的──就是我的，（眾俱點頭）我的──（眾俱搖頭）還
　　　　　　是我的，（眾俱點頭）我們合作是再聰明不過的了。

齊子孝　　好極了好極了，我們都是一家人，董事長您說是不是
　　　　　　啊？

老　鴇　　是啊是啊，我們一家都是人，荷珠妳說是不是啊？

荷　珠　　我能說不是嗎？一家都是我們這種人。

齊　妻　　是啊是啊，這個家不知道怎麼突然變出這麼多人！

趙　旺　　老爺太太，這眞是可喜可賀！

劉志傑　　眞是英雄識英雄！

老　鴇　　虎豹識豺狼。

齊子孝　　於是乎——

眾　人　　（都走向台前）闔家團圓，天倫重敘——

趙　旺　　六畜興旺——

老　鴇　　爹娘滿門——

齊／劉　　（對荷珠）我是妳爸爸。

妻／鴇　　（對荷珠）我是妳媽媽。

趙　旺　　（對荷珠）妳是我妹妹。

荷　珠　　（對台下）我自個兒是誰我還沒搞清楚。

眾　人　　榮華富貴天注定，隆盛興衰不由人，如今闔家慶歡聚，
　　　　　財到家齊天——下——平——

老　鴇　　來來來，好酒當前，別錯過啦——

荷　珠　　坐坐坐，良辰美景，別辜負啦——

鴇／荷　　來喲——

　　　　　（眾人喝酒慶賀說些吉祥話，一片喜氣洋洋，正熱鬧時，趙
　　　　　旺被老鴇撞個正著。）

老　鴇　　哎喲，我一直還沒認出來哪，您不是那天上我們那兒喝
　　　　　酒的趙總經理嗎？
　　　　　怎麼會⋯⋯

趙　旺　　（急急掩飾，並示意老鴇別說破了）嘿嘿，喝酒喝酒。

（眾人均大惑不解，起疑地望著老鴇與趙旺，動作停格。）

（燈暗，幕落。）

劇　終

首演資料

《荷珠新配》一九八○年七月十五日首演於台北國立藝術館，

中國話劇欣賞演出委員會主辦（第一屆實驗劇展），【蘭陵劇坊】演出。

編　　劇：金士傑

導　　演：金士傑

藝術指導：吳靜吉

服裝道具設計：徐榮昌

音樂指導：陳建華

現場伴奏：蔣如棠、吳榮燦、柯仕寬

舞台監督：嚴文正

服裝管理：王中芳

道具管理：楊清雲

化　　妝：江美如、金士會

票　　務：徐曼春

首演演出人員及角色

劉靜敏——飾荷　珠

李天柱——飾老　鴇

李國修——飾趙　旺

王樹聲——飾齊子孝

金士會——飾齊　妻

卓　明——飾劉志傑

金士傑——飾酒　客

感謝王英生、謝嘯良提供本書劇照

齊子孝（右一）與齊妻（右二）搭BENZ，司機趙旺駕車。
左邊跟蹤者為荷珠與老鴇。

（王英生攝）

荷珠（左）與老鴇（右）　　　　　　　　　　　　　　（王英生攝）

荷珠與趙旺在門裡門外相互偷瞄。　　　　　　　　　　　　　　　（謝嘯良攝）

荷珠：「呸！大河小河黃河淡水河……」，趙旺語塞詞窮。　　　　（謝嘯良攝）

懸絲人

PUPPET MAN

劇中角色

老主人

老　偶

幼　偶

男　偶

女　偶

大　偶

小　偶

左　偶

右　偶

說明

1. 此劇以默劇方式呈現，又因故事發生在一個傳統小舞台上，所以角色造型可考慮白臉加上傳統戲的臉譜特徵重新設計。劇中小道具如繩線、小刀、胡琴、枴杖等均可用默劇抽象化的表演呈現。

2. 由於沒有說話台詞，劇本書寫上，只能側重描述較重要的情況以及交代主要動作，太細微的動作細節則無法照顧。

第一場

黑暗中，傳來蒼老淒啞的胡琴聲，斷斷續續，如泣如訴……

燈光漸亮，一個小戲台，用簡單的棚架搭成，其上垂掛著一塊破舊簾布。一個**老偶**獨自坐在戲台上拉胡琴，他看起來有氣無力，很疲憊的樣子。拉著拉著，突然一根弦斷了，他呆住……一會兒之後他繼續拉，老牛拉車似地拉著，突然又一根弦斷了。**老偶**頹然放下胡琴，起身在台前踱來踱去，只見他步伐遲緩，駝背哈腰，不時摸摸自己花白的鬍子、自己老皺的面容和伸不直的腰桿，接著竟掩面抽搐哭泣起來……

那塊簾幕倏地拉開，身著勁裝的一名老者站在那兒，他是這個懸絲木偶戲班的主人。他的外型與**老偶**酷似，駝背哈腰、老臉老皮，他用一隻手在空中拉扯著一根看不見的線繩，拉拉扯扯的節奏正是**老偶**抽搐悲慟的節奏，原來剛才**老偶**的舉動全是他在遙控。動作停了，老主人好生喘口氣，走到**老偶**身旁上下打量，老主人和**老偶**二老相望，姿態相仿，猶如照鏡子一般，望著望著，老主人顧「影」自憐，竟感覺到一種恐懼，他別過臉去不忍卒睹。

老主人快步回到小戲台上，手舉牽線。**老偶**於是一步步走往戲

台，站定於老主人面前，老手舉起。老主人一手牽動繩線，另一手握住**老偶**的手，二老開始角力，使盡渾身力氣，兩隻老手來來回回、輸輸贏贏，二老使勁的咬牙切齒也渾如一人⋯⋯。終於，老主人贏了，一揮手，**老偶**跌臥於地。老主人鄙夷地望著癱臥地上的**老偶**。

老主人悻悻的坐下，氣喘吁吁，上氣不接下氣，他的頭逐漸垂下，就這樣入睡了。睡中，得一夢⋯⋯

舞台側區一小束光微微照亮，出現一個奇怪的畫面：六名青春年少的木偶伴隨著愉快振奮的音樂手舞足蹈，他們圍繞著一個坐在地上的人舞動著，那人全身披掛五顏六色的彩衣。他們跳舞的動作看起來像是慶典中的狂歡，雜亂中帶有喜悅的顫抖，雖然動作有點滑稽笨拙，但是他們的表情露出年輕的笑、無知的笑⋯⋯少頃，燈光暗了，音樂也消失了。

老主人夢醒，猶自回味著這個有意思的夢，衰老的臉上漸漸浮現希望。他像是靈感大發，四下走著，邊用手在空氣中比劃摸索著那些夢中所見的年輕偶人的臉和身體⋯⋯，音效出現剛才夢境裡快樂的音樂，並傳來鋸木頭、釘木頭的聲音，⋯⋯老主人捲起衣袖，一副要幹活的樣子，⋯⋯燈光漸暗。

黑暗中，音效聲持續進行著。

第二場之一

燈亮，台上有七個年輕的木偶，有站有坐，一動也不動的橫陳一列。他們的形狀正如老主人夢中所見。老主人忙著擦一頭汗，雖累但藏不住心中那股開心。他滿意的打量，並用手觸摸、把玩，有的頭歪了或手臂太高、腰太彎之類的都一一調整，接著又搬挪一兩個木偶的位置，還把癱臥於一旁的老偶也搬挪到隊伍中站著。

現在台上總共八個木偶，彷彿老主人對這八個木偶有什麼有趣的構想，只見他神秘兮兮的跑出去了。

安靜無生命的木偶們定定地一動不動。接著，有一個剛被老主人調整過頭部的木偶將頭緩緩移動成調整前的方向，接著，又一個木偶手臂也動了，另一個則是腰動了、腿動了、膝動了、肘動了……微微的動作悄悄發生在眾木偶之間，感覺上他們彷彿只是想讓自己的身體站直、站挺、站正……，就在他們快要直、快要挺之際，像少了根筋似的，木偶一個接著一個先後跌倒於地，他們倒垮成一堆，然後台上又恢復了原先的死寂靜止。

老主人抱著一捆繩線跑來，見狀大驚，連忙七手八腳地用繩線

　　將他們一個個捆紮。他將繩線一直牽連到小戲台上，然後用手在空中狠狠一拉，八個木偶倏地吊直懸掛，並微微晃動。

第二場之二

老主人輕輕拉扯繩線，木偶們便輕輕抽動搖擺著。他停手，他們也停了，他笑瞇瞇的一把將簾幕關起，藏身於其後。

輕鬆、有節奏的樂音出現，木偶們從靜止不動開始，漸漸微微地配合著拍子做動作，他們接下來的動作是循著即興演變、動作接力的方式發展而成，動作的程序是這樣的：

◎他們先是各自微小、不規則地動著，動作不具任何意義。

◎接著逐漸轉變成八個木偶統一整齊的動作，動作仍不具任何意義。

◎然後，他們開始移動位置，以性別區分：男的一列，女的一列。他們呈現的是基本性別造型：男女如何不同的擺pause，如何站、如何走路……（類似傳統戲中的兩性角色的亮相動作）。

◎接下來男女開始各自整齊一致地動作，一如原始社會中的傳統兩性的角色動作：男耕地、狩獵、練武、奔逐流汗；女織衣、哺乳、烹飪、採花梳理等。然後八個木偶整齊地一同顫抖的笑了，立刻又換成一同抽搐地哭了……

音樂乍停，他們的動作也停住，簾幕一掀，老主人跑出來，因為當中有木偶因動作交錯而繩線打結，他為他們解開。**老偶因**

爲骨架老朽，剛才表演哭的動作使得他難以承受，幾乎鬆散肢解，老主人沒好氣地扶正他。老主人又跑回小戲台上，一把將簾幕再度拉起，音樂又出現了。

◎他們移動位置，兩個成一對，分成四對。這四組分別是：男偶與女偶，老偶與幼偶，攣生的左偶與右偶，大偶與小偶。他們的動作是簡單的三招兩式，並且不斷重複著。

男偶、女偶：男偶以手做「心」跳狀，女偶嬌媚。男偶跪地求愛，女偶欣喜。男女偶擁抱。

老偶、幼偶：（老偶執枴杖，幼偶化娃娃妝）老偶持杖顫巍巍行之，幼偶一旁嬉耍。老偶舉杖管教幼偶，幼偶急忙讀書。老偶一個站不穩，幼偶攙扶。

左偶、右偶：（妝扮相同，攣生連體）左偶伸左手，右偶伸右手，各自用力推扯他倆相連結的另隻手，想分開彼此，不能。左偶、右偶甚是疲累喘氣。左偶、右偶互相笑臉擁抱。

大偶、小偶：個頭最高大的大偶自我炫耀，個頭最矮小的小偶跨步至大偶正前方也學樣。大偶一把拎起小偶扔至一旁，大偶一拳打壓在小偶頭頂，小偶應聲變得更矮更小。

四隊偶人先是一對一對地單獨表演，接著四對一同表演。突聞音樂改變，他們轉身成一路縱隊，往前快步行走，他

們開始興奮地跑圓場，跑著跑著，停。一個轉身亮相，音
樂中止，眾偶不動了。

簾幕掀開，老主人抱著一堆五顏六色的戲服興沖沖地跑來，分
發給木偶們，他將每件戲服丟在每個偶人跟前，唯獨對**大偶**特
別窩心，為**大偶**親自披上戲服。他滿意地望著這個年輕高大的
自己的作品。這時他背後的**老偶**轉頭怔怔地望著他們，老主人
不察，開心的跑回小戲台，還情不自禁的模仿一下**大偶**剛剛表
演過的炫耀動作，自己也笑了，拉上簾幕。

木偶們緩緩彎身撿起戲服，緩緩將戲服穿上……燈光漸暗。

第二場之三

燈光轉變成較為戲劇性的氛圍，一聲鑼響！一場戲中戲即將開始。

老（偶）族長用顫抖的手發號施令，另七個年輕族人，則雙手被銬，排成一列；隨著老族長手指方向，他們依令整齊往那兒走去。老族長又給個指令，他們停步，整齊的讀書、整齊的寫字、整齊的對老族長打躬作揖、整齊的睡覺、吃飯……，老族長又給個指令，他們自動上手銬，整齊的往另個方向走去，依令停步。這次他們朝著老族長行叩拜禮，膜拜時，大（偶）個子族人卻不肯拜，老族長持杖怒斥，大個子害怕地反倒用力將雙手手銬掙開，老族長見了也有點害怕，更急切地要求眾族人繼續對自己叩拜……

此時，卻見大個子一步步走向老族長。二人站在小戲台的第二道階上對峙。突然大個子伸出手，老族長雖心虛，也勉強伸出手。手手相握，二人開始角力，正如第一場二老角力畫面一樣……三兩下，老族長不支倒地，慘跌於階下。

大個子站在第二道階上，得意地做出炫耀的動作，並示意眾族人將手銬掙開，眾依言掙開，正歡呼，大個子舉起手立在空

中，用力拉一條看不見的繩索，眾族人瞬間直直吊起並且雙手
高舉——簾幕緩緩拉開，只見老主人滿臉笑意站在大個子身
後，他倆的動作一模一樣，都是一手拉線、一手神氣地叉腰。
他倆繼續拉線，眾族人雙手膜拜叩首，持續不斷……，一旁臥
地的老族長一動也不動。

第三場

夜晚，靜悄悄，衆偶或站或坐的在側區文風不動。有幾偶低垂著頭，彷彿在休息。**老偶**仍被置於一隅，獨自癱坐著。

一小束光出現，同時飄來幽幽的音樂，一個木偶們的夢。

夢裡他們幻想他們是人模人樣的，如同人的正常動作，用均勻的速度、柔軟的筋骨行走，行走……，**男偶**與**女偶**模擬眞人動作，他倆互視，甜甜的微笑，**男偶**伸出手來要握**女偶**的手，就快要握到手時，燈暗了，夢結束了。

燈光還原成夜晚。衆偶俱寂，獨**男偶**醒轉，他轉頭傻望著**女偶**。興奮地練習白天學會的求愛動作，**女偶**無反應。**男偶**見衆偶皆無動靜，唯獨**老偶**歪著頭在一邊看著他，便上前兩步，表演這求愛的三招兩式，**老偶**卻漠然搖頭，別過臉去。他索性獨自對空氣演練這僅有的他學會的動作，一個不小心，他跌倒了，卻無力起身，他不動了。

老主人走來，一見，將**男偶**搬起置於原位。然後走向**老偶**，將**老偶**扛在肩上，一步步走出去。

男偶好奇悄悄跟蹤幾步，又有點不敢。此時聽聞有火燒木頭的

嗶剝之聲，側區微微的紅光亮起，只見老偶站在一個火苗亂竄的小木架上，老主人於一旁加柴搧火，隨後他見火勢穩定，便逕自離去。老偶猶自被火焚燒，佝僂的身子顫抖萎縮。男偶疑懼不解地悄步前來，他慢慢伸出手，以手探火──大驚縮手，嚇得急忙跑回眾偶處。他用力喚醒他們，甚至使勁地又搖又推，驚惶的手指著老偶被焚的方向。

眾偶悠悠醒來，立即的反應便是練習白天所學的那幾招動作，完全沒理睬男偶的瞎著急。男偶一逕慌張的警告，卻被他們的演練動作夾纏其間，好不尷尬。這時老偶與火架的紅光區已消失。男偶急步來看，焚場已空無一物。突然，眾偶的動作停下來，他們好像聽到什麼，紛紛急忙奔回原位，靜立不動了。

老主人出現，他探看他們。唯男偶躲在另一側沒被發現。老主人在小戲台上以手拉線，眾偶整齊一致被調整爲睡覺的動作。之後，他放心的離去了。男偶瞪大眼睛窺見這拉線的秘密。

男偶躡手躡腳走到小戲台上。他抬頭左瞧右望、研究著，他伸手一拉，眾偶們立即身體一彈，男偶還沒察覺，繼續又拉又扯……眾偶也一再反應，男偶視線移到眾偶身上，才發現有這麼回事。他不可置信地加快的拉線，眾偶快速地彈跳抖動，嚇得男偶丟掉繩線，呆呆的怔住。

劇烈的跳動，使得大偶醒來，大偶發現男偶及操控繩線之事，

大步奔上小戲台，頑心大發，伸手一把抓住繩線也想玩玩，衆偶隨即晃盪擺動。大偶正樂，男偶推開他，大偶還想玩，男偶不允，他們倆展開扭打。這當中他倆的動作一旦拉扯到了繩線，也就殃及衆偶瞎抖亂跳。他倆由台上打到台下，大偶趁男偶跌倒未起，一個箭步衝上小戲台，伸手猛拉一根繩線，倏地，男偶在台前地上被直直吊起，大偶繼續拉扯繩線，得意看著被玩弄的男偶不停地跳動。這時，又聽到了什麼聲音，大偶放手不玩了，一縮頭跑回原來衆偶處。

老主人來了，站在小戲台上訝然望著這一幕：被懸吊著的男偶正奮力掙扎身上捆繫的繩線，掙脫不得，便張口欲咬斷繩線。老主人大怒，但不動聲色，不爲男偶察覺地悄悄拉上簾幕。

第四場

小範圍光區照在**男偶**周圍。一個孤獨的戰場。

男偶奮力想咬斷繩線的控制，也失敗了，正停下來喘氣想方設法。奇怪，自己的一隻手臂被緩緩吊起來了。他用力地用另一隻手把這隻手臂拉下來。這隻手臂又緩緩吊起來，他生氣的大力拉下來，手臂以更快的速度被吊起，他惱火的飛快拉下來，手臂更快的被拉起，他愈快的拉，手臂就愈快被吊起，一隻手臂的拉鋸戰正展開，另一隻手臂也突然被吊起。沒輒了，雙手在空氣中亂擺動，想回身看清楚小戲台上的敵人是誰，偏背上又彷彿有根繩線一拉，把肩膀也吊起來了，動彈不得。**男偶**急了，拼老命用左手拉下右手臂，但左手又被吊起，用右手拉下左手臂，但右手又被吊起，彷彿看不見的那個敵人是故意在惡作劇，他決心奮戰，他奮力用雙手一把緊抓住背後那根繩線反向的往下拉，繩線卻緩緩的往上提，他愈拉，繩線又快提又慢提，感覺上那遙控繩線的人真的是在惡整，他像瘋了似的，拼命拉扯。繩線的方向一下改變為左上方的空中，一下又改變為右上方的空中，看不見的繩主人好像漫天在跑無所不在……終於豁出去了，**男偶**使盡全力用飛快的速度拉拽、拉拽……

沒想到，那看不見的主人將**男偶**的繩線放掉了，**男偶**倏地摔落

地上，他怔怔地坐著想不通，用雙手摸一下自己手臂上方，背頸的上方，繩線不見了！真的不見了！他逐漸面露微笑，慶幸自己得到解放，他苦苦的掙扎站起，費力的想邁步走⋯⋯走⋯⋯，但是，線沒有了，他搖搖欲墜，踉蹌跌撞的走，險些摔倒，還要走⋯⋯一個沒站穩，「撲通」一下子摔倒在地，他四仰八岔的躺著，還想使勁挪動身軀，卻動作愈來愈微小，終是不能⋯⋯。燈光全暗。

第五場

燈光亮起。小戲台的簾幕是關著的。**男偶**的屍體躺臥一旁。

大偶威風地站在小戲台的第二階上，眾偶對他做出朝拜的動作。接著大偶發號施令手指**男偶**處，眾偶依令前去合力將**男偶**抬起來，他們列隊逐步緩緩走向大偶，大偶作得意狀，然後，全部木偶都動作靜止停頓——

簾幕拉開，老主人一手拉線，另一隻手和大偶相同的正作得意狀。他繼續拉線，眾偶恢復動作，他們走近老主人，將**男偶**屍體放在老主人肩上，動作又停頓住了。老主人抬著**男偶**屍體一步步走出去。

僵住的木偶們，慢慢轉頭瞥看老主人消失去處。他們有點疑懼不安，面面相覷。**女偶**開始啜泣，小偶想安慰她，作出男偶求愛的動作，**女偶**更加悲傷，哭嚎起來，其他木偶有的哭有的鬧，但相繼都開始安慰幫助別人，他們發生了同情和憐憫的行為……

老主人走來，見狀大驚，這不就是全民造反嗎!?二話不說，一把拉扯繩線，將眾木偶通通懸吊起來……只有大偶及早就躲在另一側沒被發現，才得以倖免。

老主人面對這個情況苦惱不堪，他踱步於台前，忙著想對策。大偶悄悄溜到小戲台上，又玩起繩線操控，玩得手忙腳亂，眾偶在老主人身後也東搖西晃，一片大亂。

老主人轉身發現，怒不可遏，衝上前欲追拿大偶，大偶急得用力拉扯繩線，他使眾偶們合力站成一道牆擋拒老主人。一陣糾纏，終於，老主人摔開眾偶的手，大偶嚇得逃開小戲台慌張走避，眾偶再度欺身逼向老主人，這次沒有人在操控繩線，顯然他們的「叛主行為」是自發的，老主人害怕地往後退縮。只見他一個快步狡猾的從側邊避過眾偶溜到小戲台上，恨恨地從懷中取出一把小刀，一手握住所有的繩線，「唰」的一刀！砍斷繩線。全部的木偶應聲倒地，無一倖免。

老主人氣憤極了，紅了眼，咬牙切齒地走出去。立即又推了燃火木架進來置於台側。

在他背後躺著的眾木偶出現微微的掙扎蠕動。大偶的生命力最是頑強，率先站起來，其他木偶也相繼奮力起身。只是他們的站立和姿勢看來很勉強、很不穩。

老主人沮喪地蹲著，頭也不抬地慢慢將火點燃。

眾偶隨著大偶做動作，他們從地上各自撿起原先懸掛他們、而後被砍斷的繩線，人手一線的逐步走向老主人。他們在老主人

身後圍站。

他們一起下手，用繩線一把勒住老主人脖子，老主人身子拉直，目瞪口張，拼命想扯開致命繩線，卻被眾偶更用力的拉扯，他們隨著老主人的掙扎跌跌撞撞的忽左忽右的跑動，可他們一點不鬆手，終於老主人動不了了，見他身子僵硬的跌坐於地，嚥氣，低下頭來。

眾偶在他身後圍站，笑逐顏開，他們慶祝自己重獲生命。他們把身上五顏六色的戲服脫下，一一扔到坐在地上嚥氣的老主人身上、頭上、肩上，愉快的音樂響起，他們快樂地圍著他手舞足蹈，彷彿慶典中的狂歡。這時有件事就發生了，他們好像支撐不住身體的重量，又沒有繩線可牽繫住，他們一個個慢慢地往下跌倒，又想站直，卻跌得更重。於是他們的動作看來愈發滑稽笨拙，此畫面正是第一場老主人夢中所見，只是他不知道坐在地上被衣服遮住的人是自己的屍體。燈光漸暗，一張張木偶的臉依舊綻放著年輕的笑、無知的笑……燈暗。

劇　終

首演資料

《懸絲人》一九八二年九月二日首演於國立藝術館，
台北市政府主辦，【蘭陵劇坊】演出。

編　　劇：金士傑
導　　演：金士傑
藝術指導：吳靜吉
舞台設計：潘延浩
服裝設計：霍榮齡
音樂設計：林克偉
舞蹈指導：陳偉誠
服裝製作：林璟如
臉譜設計：林雪莉
髮型設計：黃馬莉
燈光設計：林克華
舞台技術：雲門實驗劇場
舞台監督：馬汀尼
音效指導：蔡宏榮
化妝指導：江美如
執行製作：卓　　明
業務經理：陳以亨

首演演出人員及角色

王仁里—— 飾 老主人

歐君旦（Ｂ角——隔日演出）—— 飾 老主人

黃承晃—— 飾 老偶

陳明偉—— 飾 少偶

金士傑—— 飾 男偶

鄭亞雲—— 飾 女偶

杜可風—— 飾 大偶

陳心珍—— 飾 小偶

尤慶琦—— 飾 左偶

周霈霈—— 飾 右偶

感謝張照堂、林柏樑提供本書劇照

眾偶與老主人。　　　　　　　　　　　　　　　　　　（張照堂攝）

老主人與大偶。　　　　　　　　　　　　　　　（張照堂攝）

男偶的手腳受看不見的主人操控。　　　　　　　（張照堂攝）

由左至右為：男偶、大偶、幼偶、女偶、左偶、右偶、小偶。

（林柏樑攝）

今生今世

THE LIFE OF WANG FU

時　　間：適合迷信的古早年代

地　　點：海邊，小村

劇中人

　　王　　福：漁人

　　王　　母：王福之母（宜男人扮演，陽剛粗老的質地有助於角色）

　　柳葉兒：煙花女子

　　李　　萬：王福捕魚同伴

　　法　　師：替天執法，替天掌門

　　檢場人：大鬼、小鬼、矮鬼、女鬼

　　　本劇的劇中人為著人類最亙古、最宿命的生死命題掙扎奮鬥，但這樣的舞台上有大鬼、小鬼、矮鬼、女鬼四個檢場人不時出入，也幫忙襯景應題，也在一旁嘻笑怒罵著如此老舊的命題。他們取樣於中國傳統舞台──正如所謂檢場人的任務，負責裝設或改動舞台場景，臨時增添或卸除角色服裝、道具、髮帽……，更有甚者，他們同時也擔任劇中的抽象的鬼魅、命運播弄者，時而成為劇中的邊緣人物，甚至小動物等。其造型化妝均為怪誕畸型，也可能滑稽。他們偏黑色的服裝，幾乎使他們融入同是黑色

的布幕地板之中，但勾白的面孔，卻搶眼地有著鬼祟之感。隨著劇情的進展，他們的荒謬顯得有惡意，也有嘲諷意味。

從第一場開幕前，他們就先出現在舞台上進行他們自己的遊戲，一如劇場大幕後面長存久住的精靈。以後每一場次之間，他們都一再出現，遊戲無終止。遊戲範圍包括對檢場任務的嬉耍，對上一場或是下一場戲的挖苦，或是他們自己互相之間的戲謔等等，因為他們的表演方式是無聲的，只藉由動作表達（類似默劇動作），故而文字交代從簡，不做一五一十的細描，只求意思到了，更多的空間則留待讀者或有意搬演此劇者自行發揮想像了。

序場

- 舞台大幕未啓。幕後有嘈雜聲、腳步在地板上的跑動聲，大幕上出現微微的騷動。逐漸地，嘈雜聲轉強，似乎許許多多難以分辨的怪聲發瘋地跑叫著，布幕亦翻動如海浪……。
- 動亂安靜下來，無聲無息。
- 突然，四鬼——由幕底探頭，稍張望，又縮回。
- 四鬼一起探頭望著觀眾席傻笑，又縮回。
- 寂靜中，大幕慢慢升起，我們看見四鬼在大幕後面黑暗的舞台上以默劇動作由上往下用力拉著一根看不見的大繩索，彷彿是他們使大幕升起。
- 幕啓完成，四鬼興奮地用鼻四下嗅聞，他們盡情享受著赤裸的、空無一物的舞台。
- 四鬼突然低頭，以手遮面。然後他們把手慢慢張開，瞪眼望天，奇幻的音效配合由天而至的燈光（亦即第一場戲的燈光）出現。四鬼急急跑出舞台又即刻跑入，他們捧著一個大茶几、一個小木椅，有互相搶奪的、有一旁鼓譟的、翻跟斗跌跤的……終於擺放定位（即第一場戲的位置，茶几在上舞台正中央，椅在茶几後）。大鬼猛的一拍茶几，矮鬼不見了，女鬼應聲趴於下舞台左側，小鬼趴於下舞台右側。大鬼盯著他倆，齜牙咧嘴的笑著──燈暗。

第一場　問命

(燈亮，三鬼消失，換成三位劇中人。法師坐在剛才大鬼的位置，王母跪在地上剛才女鬼的位置，王福則是跪在側面剛才小鬼的位置。)

法　師　　妳姓王？

王　母　　是。

法　師　　今年六十九？

王　母　　到中秋就滿六十九。

法　師　　(端詳片刻)——妳的相，寬圓、厚大，就可惜命裡犯沖，打從娘胎出來到如今，勞累操心，出汗賣力，日子過得多辛苦、多受罪，嗯？

王　母　　法師您是一刀就切在口上，我這輩子啊，從來是倒楣……

法　師　　妳是不是——四十歲才嫁人？嫁給一個捕魚人？

王　母　　是……

法　師　　四十五歲生了個難產的兒子？

王　母　　……

法　師　　五十歲妳丈夫就過世？過世之後第二年，風災又鬧大水把妳家整個給沖走了？

王　母　　(大驚，忙叩頭)先生真是神仙開口、無所不知！

法　師　好，我再問妳，甚至於遲遲到去年，妳的月事才停止，對不對？（王母叩頭連連）我不必一件一件事情的提醒，也是菩薩念妳心眼兒老實忠厚，香火也上得勤快虔誠，身體——身體是不是從來都很健康？

王　母　是，還真從沒生過病，上床睡覺是一躺就著，走路幹活是力大如牛，這全是菩薩保佑我！

法　師　菩薩保佑妳，教妳不但身子硬朗，頭上一根白髮都找不著，還管妳喝得足，吃得飽，心事也比旁人少，還有呢——妳那兒活得比誰都長、都老。好了，妳還有什麼要問的？

王　母　您……您到底是說我命好還是不好？

法　師　命沒有什麼好不好，卻有酸甜苦辣之分，妳那命啊，用一個字形容叫「苦」，用兩個字來說「犯沖」，用三個字來比方叫「活受罪」。但是，王老太太，這可沒得抱怨，命就是命，沒有什麼好與不好，要說，比妳差的人還多著呢。聽著，自古窮通皆定數，萬般由命不由人啊！

王　母　（慚愧）弟子認命，弟子認命！我的那點苦都是應該的，但弟子上香火念經禱告可從不敢停下來，圖的其實不是自己，圖的只是我那兒子的出息，法師，我們這小村子既是靠捕魚討海過日子，人講究報應，講究為人的好歹，我命苦，卻希望多做好事為他求個好命……

法　師　　這是妳兒子？

（法師注視王福，突然驚訝地瞪眼直視，似有大事臨頭。）

王　母　　正是我兒王福。從他爹過世之後，我辛辛苦苦把他又拉
　　　　　又扯的拉拔到這麼大，書沒唸幾本，爲人的道理都對他
　　　　　講明白了，要是講不靈，我就用手打，這孩子是聽話的
　　　　　人，平常都規規矩矩——

法　師　　（對王福）你叫王福？

王　母　　沒錯，福氣的福，就盼著兒子有福氣，和他爹一樣，也
　　　　　是個捕魚過日子的人，法師您無事不知，望您能爲小王
　　　　　福也解解命，咱母子倆今天來這兒無非——

法　師　　好了，王老太太，妳的命，我所看到的就是這樣了。

王　母　　是，是……

法　師　　其實妳對自己的命早已瞭然，至於王福，我單獨對他說
　　　　　說。

王　母　　您單獨……噢，法師您得好好爲他解，這孩子人老實，
　　　　　剛來這兒的路上，還跟我說他應該向您問什麼問題他都
　　　　　不知道。

（法師揮手示意王母離去）

王　母　　（叩頭拜謝，轉身去拉王福到法師桌前。王福亦叩頭行禮。）
　　　　　放膽盡量問噢！菩薩保佑你有好福氣，不像娘這樣……

王　福　　（揮手，小聲並且不耐煩地）我知道啦，我知道啦。

王　母　　我這就回家去，候著你的消息啦！

（王母去，法師直直望著王福，沉默少頃，神色凝重異常。）

法　師　王福，你是什麼時辰生的？

王　福　丁午年臘月初九子時，今年二十四歲。

法　師　靠捕魚為生已經多少日子了？

王　福　前前後後十個年頭是在海上打發的。

法　師　你是獨生兒子？

王　福　正是，沒有兄弟姊妹，娘生我時難產，差點保不住性命，之後就再也不敢懷孕，大概是年歲老邁，懷胎不易……

法　師　倒也不是。你到如今仍是光棍單身麼？

王　福　無妻無小，家裡就娘和我。

法　師　可曾沾過女色？

王　福　啊？

法　師　可曾有過中意的姑娘？

王　福　老早以前有過，但只是我中意人家，人家倒不中意我，近幾年也不太想這事兒了，就專心專意的出海捕魚。

法　師　可曾惹事生非、鬧過糾紛？

王　福　法師您曉得的，我娘待我很嚴，上香念經一定帶著我，灑掃應對都盯著我，惹事生非我是不敢，甭說，連撒個謊耍個賴我也會心裡過不去，幾天下來心裡都不舒坦。

法　師　王福，我問你，去年你出海捕魚，回回都大豐收，滿載而歸是不是？

王　福　　是，可今年……

法　師　　今年卻不然，捕的魚越來越少，甚至最近幾次幾乎是空
　　　　　船回來？

王　福　　菩薩聖明，的的確確是這樣。

法　師　　你可知爲什麼？

　　　　　（王福搖頭，法師仰首向天，喃喃自語，偶或搖頭嘆息。）

王　福　　法師，我的命怎麼樣？是好是壞您照直說，我想得開，
　　　　　要說認命，我簡直不輸我娘。

法　師　　在來的路上，你問你娘要問我什麼問題都不知道？

王　福　　是的。

法　師　　唉──你走上前來！（王福依言而行）伸手！（王福伸
　　　　　手，法師自懷中取出一枚香袋置王福手中）拿去，隨時繫
　　　　　在你身上。（王福不解）王福！我說的你都信是吧!?

王　福　　是。

法　師　　王福聽著，我要你娘先行離去，不爲別的，是要你自個
　　　　　兒承受這個事。她命苦，卻長命百歲，孩子──你的陽
　　　　　壽只剩下兩天！

王　福　　法師，您這話──

法　師　　你的八字之中犯歲星，但別問我根由究竟了，有一百張
　　　　　嘴到了這兒也沒得爭辯，命！天上的星斗移轉由得你使
　　　　　喚麼？海上的浪潮起伏由得你支配麼？命也是由不得你
　　　　　啊。

（王福張口欲辯）

法　師　　現在再說什麼也是枉然，剩下的兩天你照舊好好的過吧，你原是個好漁人、好兒子、好村民，如今照舊，別鬆了最後一口氣！

（王福無語）

法　師　　每個人有每個人不同的劫難，得自己走，自個兒擔當，或者，或者——可以延遲眼前這個劫難的法子，王福，送你香袋一掛，隨時繫在身上。

（王福手中香袋鬆手落地，人仍呆立。）

法　師　　能不能倖免於劫難，我說不準，試試吧。（突然大喝）王福！（心軟，轉輕聲）把香袋撿起來，繫好，別鬆了最後一口氣！老天爺睜著眼睛的。

（燈暗）

第一場與第二場之間

● 燈微亮，二鬼衝入搬茶几與椅欲出，另二鬼搬下一場道具大長桌欲入，二組相撞互不讓路，大鬼猛伸手掐矮鬼脖子，暴力組得勝。

● 大長桌擺定，橫陳於下舞台中央。四鬼急速出入，將三把椅子置於長桌旁，三個酒杯置於長桌上，這出出入入之中，夾含著一些虛構模擬的動作，如無形的酒杯、無形的其他桌椅、無形的櫃檯上移來挪去的酒家陳設。虛實交錯中，四鬼又認真又戲謔地將下一場看得見與看不見的酒家景觀完成了。

第二場　酒家

（舞台上是一長桌橫置於前區，三把椅子各置於側。）

（四小鬼聽聞門口有人聲，急步搶在門前迎客。）

李　萬　（在門外嚷嚷）就這兒了！進來吧！

　　　　（四小鬼狀若酒家掌櫃及小二，不言語，僅以啞劇動作顯現
　　　　迎客。）

　　　　（李萬已有醉態，偕王福走向台前酒桌。）

李　萬　（猛地「砰」一聲拍桌，一個小錢袋攔在桌上）這是上回
　　　　欠的帳！今兒個我給啦！（與王福入座，小鬼一個快手將
　　　　錢袋拿走，四小鬼簇擁而下）有錢的老爺炕上坐咧，沒
　　　　錢的老爺地上歇一會兒——（坐定，望著空桌，一小鬼雙
　　　　手執壺已悄立於後，李萬突大叫）酒！（酒應聲擺上，小
　　　　鬼快腳溜走，李萬咧嘴一笑）酒家酒家嘛，以酒為家，
　　　　我剛剛在家喝了酒，這會兒又來到酒家喝，這叫啊，喝
　　　　酒喝到家了！

王　福　（自己斟了一小杯）這酒可是烈酒？

李　萬　（搖頭）要跟我人比，還差得遠，我這人更烈！（說完大
　　　　樂，王福酒入口時頗為不慣）李萬吃飯是大碗大碗吃，
　　　　喝酒也是大口大口喝，小王福，這一點你得跟我學學。

（一口一杯，王福也跟著一杯下肚）方才你像沒魂似的站在馬路當中發愣，連我叫喚你都沒聽見，幹什麼啦？（王福發愣，繼而微笑不語）這小子怎麼笑的讓人心裡發毛？

王　福　（倏然站立）李萬，我要回去了！（轉身就走）

李　萬　（一把將王福拉回座位）別忙！平常我們這夥兒兄弟誰不一塊兒出海，一塊兒捕魚，一塊兒吃喝，一塊兒嫖賭，嘿，就你本分！一出完海就窩在家裡等你娘給你換尿布，菩薩面前我們都成了歹人嘍！今天好，居然給我一拉就拉進這門檻兒了，小兄弟，我可是好心噢，教教你捕魚人怎麼過日子的！（轉身）夥計！請柳葉兒來見客吧。（對王福）讓你開一下眼界。

王　福　是個姑娘？

李　萬　（盛酒）不是姑娘，是娘們兒！（酒入口）酒和娘們兒是一碼事，而且──還不能分開來玩，懂嗎你?!他們都是水做的，軟──的──！叫人身子發燙的！

王　福　（無詞以對）這酒讓我的頭發脹，想吐──

李　萬　一樣一樣，娘們兒也會叫你的──頭──發脹，想吐。（詭笑）王福，咱們捕魚人，身子是太陽烤出來的，雨水淋出來的，硬朗結棍還管用，娘們兒才喜歡呢！幹嘛放著──放著柴火不燒，守著它等它發霉發爛啊，別等啦，再等魚都跑光了！（一口又一杯下肚）撒網噢！快

撒網噢！多抓一個是一個！王福！看誰手腳快，看誰落
在人後頭？撒——撒——（陶醉在快樂亢奮的情緒中，聲
調猶如歌唱。）

（柳葉兒入）

葉　兒　　是誰在這兒撒啊撒的，撒野啊？

李　萬　　葉兒！我的心肝寶貝來了！我的餛飩牛肉麵來了！（抱
　　　　　起柳葉兒轉著嚷著）

葉　兒　　（緊扯李萬頭髮抵抗）放我下來！今天身子不舒坦，撒野
　　　　　別往我身上撒。（落地站定）

李　萬　　（對王福）你瞧見她扯我頭髮了吧，那調調兒夠味兒
　　　　　吧！

葉　兒　　你還活著啊!?

李　萬　　我——不！我是鬼魂哪！我死了還來找妳。

葉　兒　　你那長相倒眞有七分不像人。

李　萬　　（得意非凡，一把將王福拉過來）她叫柳葉兒。

葉　兒　　您就叫我葉兒。

王　福　　葉兒。

（李萬大笑）

葉　兒　　你叫王福？

李　萬　　嘿！妳怎麼認得？

葉　兒　　（坐定）這村子也沒多大，怎麼會不知道！你和你娘，
　　　　　一家子兩口從來不都是循規蹈矩、本本分分過日子人

　　嗎？平常見到我這樣人都躲得遠遠的，今天會來到這裡，可真是稀客喔。

李　萬　　這……這要罰一杯！

王　福　　（又猛地站起來，愣了一會兒，一口一杯乾了，彷彿極為抱歉，酒下肚後，臉色極差）哎——

葉　兒　　小兄弟，我沒怪罪你的意思，你可別聽擰了。

李　萬　　小王八蛋夠種！這才不冤枉了我拉你來這兒，哎，你怎麼不吭聲啊，望著窗外邊兒瞅什麼？

王　福　　今天的日頭真暖和，接連幾天都下雨下得——

李　萬　　難不成你想這會兒上船出海去？小王八蛋，旁邊放條大魚你不理會？

葉　兒　　（斥責）他叫王福！有名有姓的！（對王福）你怎麼了？

王　福　　（視線由窗外轉向柳葉兒，一時語塞）我……（錯亂的情緒和體內的酒一同作怪）

葉　兒　　（執酒走向前）王福，我陪你喝一杯。（乾了）既然來到這兒就放寬心，有什麼話要說就說出來，不想說就喝一杯，連酒帶話統統吞下去。（王福跟蹌坐下）大風大浪的，你們漁人不都走過了？

李　萬　　（坐在桌上，湊向柳葉兒身旁，從後面攔腰抱住）什麼啊，葉兒我告訴妳，他頭一回上酒家，頭一回碰到妳這樣的貨色，怕呀！妳別那樣細聲細氣說話，嚇唬人家嘛？！
　　　　　（將柳葉兒抱在膝蓋上，毛手毛腳。）

葉　兒　就許對你細聲細氣說好聽的？我高興對誰說好聽的你管得著麼？

李　萬　葉兒，人家可還沒開苞呢。

葉　兒　(推開李萬) 李萬，我先前說過今天身子不舒坦！

李　萬　瞧那張生氣的臉蛋兒多好看！

王　福　我得先回去了。(轉身就走，柳葉兒一步向前伸手抓住王福手)

葉　兒　王福，不進這門，瞧這酒家不起，我都管不著，若進了這門，酒沒喝痛快，還兜著一肚子心事回去，我可不答應喔。

李　萬　(冷言冷語) 好娘們兒真爽快，我李萬迷上了這裡可真沒得說，王福啊，我都認栽了，你還逃得了嗎，快脫褲子吧！

葉　兒　你到底是照顧人，還是存心趕人走？

李　萬　我——我沒照顧他？他媽的——(猛拉王福入座) 你給我坐好！(牛勁大發，強行抱起柳葉兒，將柳葉兒硬放在王福懷中坐著) 都不准動！(李萬回位坐下，又過去將柳葉兒手臂繞住王福，重回座，三人都不動聲色，李萬獨飲酒。)

葉　兒　(笑) 見過有人這樣耍狠的嗎？李萬就這狗脾氣還蠻惹人喜歡，自己心裡頭吃味兒，還硬把我放在這裡。

李　萬　(轉成傻笑) 妳坐那兒看起來挺愉快的嘛。(在桌上重重一擊) 王福，滋味怎麼樣？

王　福　　我——我不要緊。

李　萬　　就可惜大夥兒都穿著衣裳，好！給咱們喝酒助興。（懷
　　　　　中取出一粒骰子）瞧這個骰子，這三個空杯子！（邊說
　　　　　邊示範，柳葉兒起身欲去，又好奇地止步）我放在其中一
　　　　　個杯裡，三個杯子輪著轉，賭它最後在哪個杯子裡，嘿
　　　　　嘿，輸了的，扒一件衣裳。

葉　兒　　你可真懂得怎麼助興噢，就這李大爺的老把戲，還沒換
　　　　　別的！

李　萬　　有酒有娘們兒，少得了賭麼？色香味能缺一麼？妳別走
　　　　　哇，瞧我的！

　　　　　（說轉就轉，杯一停，李萬瞪眼瞧瞧兩人。）

葉　兒　　這小娃兒玩的也想唬人？（手一指）左邊的！

李　萬　　（大笑）哈——妳這娘們真是沒一點出息，剛說不賭，見
　　　　　了骰子轉的跑的伸手就指，天生沒有貞操，和我李萬真
　　　　　是剛好一對兒。

葉　兒　　少貧嘴，快扒衣裳吧你！

王　福　　（手一伸）是中間的！

李　萬　　（愣住）嘿，這人剛才兩道眉毛一邊是歪一邊是倒，這
　　　　　會兒突然都直了？好，準備著了，瞧我掀它！

葉　兒　　慢著，王福你別傻，是左邊的。

李　萬　　到底怎麼著？我要掀這茅坑蓋啦！

王　福　　是左邊的！

（柳葉兒上前一把翻過杯來，果然是左邊，李萬早已開始脫，他將衣一甩，站在椅上。）

李　萬　不許改口了！再瞧這一番——（轉、停，眼看花了，差點站不穩）太好了，這會兒我自己都沒看清楚！（興奮非常）

王　福　（突地跳起，衝動、大聲）左邊的！

（李萬飛快掀開左杯，無骰子。）

葉　兒　又耍人玩兒啦，幹嘛趁我還沒說話就掀？

（話沒完，王福已急忙脫掉一件，大剌剌的甩到一邊，柳葉兒、李萬忍不住笑）

王　福　（仍在興奮中）現在換我來轉。（抓來杯子就轉，然後大聲宣佈）猜吧！輸了的給我脫！脫！

李　萬　（也被帶得興奮大聲，卻醉的差不多了）小王八蛋卯起來了！中間的！

葉　兒　（也是興奮的）左邊的！

（王福掀，在中間，望著柳葉兒有點尷尬。）

李　萬　（口齒已不清）快點吧，可把我等壞了。

（柳葉兒無奈，脫了一件，卻見李萬也在脫。）

葉　兒　你這混球，沒輸也脫，你愛脫啊。

李　萬　我明明輸了……（還努力脫，卻醉得脫不下來）

葉　兒　換我來做東家。

李　萬　這樣子太慢了，輸了扒三件！扒光乾淨！

葉　兒　可是你說的，好，看誰做和尚！（轉杯開始——停）

李　萬　不成，眼珠子快轉花了，再再再轉一次。

葉　兒　你喝撐了，玩玩玩不轉啦？剛才是誰嚷嚷要賭的？

王　福　左邊的。

李　萬　左邊的。

葉　兒　你跟什麼屁？

李　萬　掀蓋兒喔！脫啊！快脫脫脫⋯⋯（醉倒桌上，身子橫陳
　　　　王福和柳葉兒之間。鼾聲隨至。）

葉　兒　瞧他痛快得像隻豬，翻開看看我對了沒有？
　　　　（王福掀杯看，柳葉兒也探頭想看，王福迅速將杯又蓋上
　　　　了，不欲陷柳葉兒於脫衣窘境。兩人有一會兒沉默，靜坐
　　　　不語──）

王　福　李萬常對我提妳有多好、多美。

葉　兒　那是你說的，李萬是條公狗，狗嘴裡不會吐象牙，他從
　　　　來只說有多風騷、有多浪。（王福傻笑，柳葉兒撿起衣
　　　　裳穿，王福亦跟著取衣，預備著衣──）你知道現在這場
　　　　面什麼意思嗎？兩人一塊兒把衣服穿上？

王　福　我不懂。

葉　兒　你當真沒碰過姑娘？

王　福　沒有。

　　　　（少頃──）

葉　兒　王福，你方才心裡有什麼事情？
　　　　（王福愣住，呆望柳葉兒，燈暗。）

第二場與第三場之間

●燈微亮，矮鬼與女鬼正如燈暗前王福與柳葉兒之位置，他倆正忸怩作態地扮演著。

●大小鬼已衝入卸道具、上道具，矮鬼一驚，亦忙加入搬桌搬椅，偏女鬼霸佔柳葉兒椅，不肯挪動，越推她，她反倒越霸著不讓。矮鬼索性一把將她抱起欲扔，女鬼順勢翻身卻緊抱住矮鬼不放。另二鬼見狀有趣，亦參加這遊戲，一抱前，一抱後，四鬼合抱成一團，終不支疊臥於地。

●大小鬼起身，見女與矮仍緊抱著，就幫忙拉開，一鬆手，二鬼又緊抱。大小鬼便使壞地像玩傀儡一般，操縱女鬼搧矮鬼一耳光，一鬆手，二鬼又嬉笑地緊抱，再拉開，操縱矮鬼手搧女鬼一耳光，一鬆手，二鬼更嬉笑地緊抱……，他們重複耍玩這男女愛恨動作，興頭正高，突覺背後有人來，四鬼身子一縮，音效配以老鼠叫聲。他們以矮子走之動作，逃竄走避於後區，現下他們扮演老鼠。

第三場　母親

（舞台後區中央擺放著一個小高腳茶几，兩旁各一高背椅，均呈舊色。）

（王母手拎著一件衣服走向台前，開門望天色，隨即走向另側後台。）

王　母　　曬衣服喔！

　　　　　（王母出，一會兒空手入場。）

王　母　　只聽到雷聲響，沒見到雨下來。（又望望天色）

　　　　　（王母進門，從另一側提來熱水壺，來到小桌旁，坐下慢慢
　　　　　沏茶。）

　　　　　（王母正悠閒地邊沏茶邊哼唱著不清不楚的小曲，突地後舞
　　　　　台橫裡跑出一隻小老鼠，以矮子走動作橫過舞台。）

王　母　　（猛地站起東張西望，沒找著）當我是瞎貓啊，你這個死
　　　　　耗子！

　　　　　（往後尋去，鼠又從台前跑出，躲在椅旁，王母由後躡手躡
　　　　　腳走來。）

王　母　　（取熱水壺）我用熱水（向鼠灑去）燙你！（鼠奔去，未
　　　　　灑著）老虎不吃人，也夠嚇人的吧！哼！你再來啊！

　　　　　（懷中取出一包藥，倒在杯中，再倒入茶水混合，此時另一
　　　　　隻鼠出現，王母向天空膜拜，拿起毒藥茶杯悄悄走近牠。）

王　母　　菩薩保佑，這藥水已經為你泡好了，來喝吧，來，菩薩

保佑，快點吃下去快點死翹翹，來……（王母將杯放在鼠附近地上，鼠只聞了聞，轉身跑走，王母大怒，邊追邊罵）你往門外邊兒跑，難道我放得過你——（王母追到大門口，在門檻處摔了一跤，正巧王福回家撞見）

王　福　娘，您怎麼……

王　母　噓！（拍拍身子，繼續找，老鼠早不知去向，王福呆望王母背影。）

（王母折回，嘴裡嘀嘀咕咕。）

王　母　桌子牠也咬，櫃子牠也咬，後院那個小房間裡，瞧那些漁網、繩子，小鉤子、竹竿統統給咬過，我看哪，準是那個小房間裡有個耗子的窩，你不知道啊，牠們長得好快，有的個頭彷彿大貓似的！而且不知怎麼的，越來越多！八成我們家有問題了，過兩天我去請法師來替我們家風水測一測。

（王母望了一下緘默的王福，入屋，王福隨後跟入。）

王　母　上哪去了？爲什麼一嘴的怪味？（王福囁囁嚅嚅）衣服呢？

王　福　（這才發現衣服忘了穿回來，驚愕，支吾）我遇——遇見了李萬……

王　母　（將茶倒好遞過去）多喝點茶。

（王福一杯又一杯地接著喝，王母一旁搓揉剛跌疼了的膝蓋。）

（剛被燙水潑趕的老鼠從後面走來，悄悄從地上將毒藥茶杯

　　　拿起來，站在王福身後對準王福手上的茶杯意欲注入，王

　　　福不察，眼看著要注入——）

王　母　你那兒脖子上掛的是什麼？

　　　（王母這個轉身說話動作，嚇得那鼠急忙縮身躲在王福椅後。）

王　福　（將杯放下，將香袋遞上）法師送給我的香袋，討吉利用

　　　的。

王　母　（遞還香袋）法師怎麼說你的？

王　福　他說——我很好。

　　　（那老鼠仍執毒杯伺機行事，王母突然轉身四下張望，鼠立

　　　即在椅後東藏西躲。）

　　　（王母一個箭步，奔向椅後，鼠丟了毒杯撒腿就跑，王母追

　　　幾步便停。）

王　母　不怕死就來！（踱回原位）法師怎麼說你的？

王　福　他說我很好。

王　母　怎麼個好法!?

王　福　他說——他說——我會遇見一個姑娘。

王　母　什麼時候？

王　福　嗯——嗯——不會很久。

　　　（沉默少項，王母在椅上長嘆一大口氣。）

王　母　老天也有眼噢！我們家要傳宗接代了。我苦了一輩子就

　　　望你有出息，瞧那群耗子！一生十，十生百，後浪跟著

　　　前浪的生個沒完沒了，生得滿屋滿院子全是，我家就還

是你和我。

王　福　（激動）娘，我若是成了家、娶了媳婦，我給您生！生很多很多，使勁兒的生，生它個一籮筐一籮筐的……

王　母　你放屁！不要那麼多──但挺要緊的是娶媳婦得娶身子好、有力氣、能吃苦、能睡覺、能幹活的！瞎了眼，找個妖精狐狸精進門可沒半點用處，你明白嗎？

王　福　她……她……她一定討您的歡心，常常陪您說說話啦，解解悶啦……

王　母　人呢？人在哪兒？（王福愣住，搖頭）別說的好像都已經有了個人似的。過兩天我去找村子裡媒婆，要她給你說說去。（突然站起，豎耳聆聽，大驚）下雨了！（往門外衝）

（王母出，王福呆坐不動，有雨聲、隱隱雷聲，王母抱頭拎著衣服跑回來，進門。）

王　母　（檢查衣服乾了多少，望望天色，深有不滿）這雨下的怎麼這樣沒頭沒腦，說來就來，說停就停……（望天，自信的）嗯，再半個時辰就會停了（回座，將衣丟給王福）破的地方已經給你補好了，穿上吧，這幾天你得空就把衣櫃整理整理，到時候挑件好看的穿上。

王　福　（將衣穿上，冷不防沒會意）什麼穿件好看的？

王　母　帶你去見媒婆。

王　福　哦。（低頭，望著身上的衣服，久久未動。再抬頭望王

母，發呆——）

王　福　娘，您看上去眞不顯老，臉上生不出皺紋，頭上也看不
　　　　到幾根白髮。

王　母　（冷冷的）所以囉！我活的比別人長，長命百歲啊！（越
　　　　想眉越皺的緊，搖頭嘆息）法師說，我是活受罪，活受
　　　　罪！走在路上，鳥屎會落在我頭上；坐在家裡，蟑螂老
　　　　鼠會往我腳下鑽，就這樣，還偏要活到一百。（心酸）
　　　　活到一百喲！

王　福　法師的話句句都靈驗嗎？

王　母　當然！那就是菩薩的話。

王　福　（思索片刻）如果說，娘活到一百，如果孩兒我不長
　　　　命，死得早，就不能孝順您，陪伴您……

　　　　（王母茶杯猛地一放下，站起，高舉起一隻手。）

王　福　孩兒說錯話了……

王　母　快點！

　　　　（王福掀起衣領，蹲跪在王母前，將頭低下，王母狠狠用手
　　　　打在他脖子上，然後又一記。）

王　母　（怒視王福）這種話也能亂講嗎？剛剛才說完準備娶媳
　　　　婦兒，你不怕倒自己的楣啊！

　　　　（王母注視王福頭髮）

王　福　孩兒說錯話了。

王　母　老天爺！你居然已經長了幾根白頭髮！（繼續看王福左

右各處頭髮，搖頭不可置信）簡直不像話，坐下來，我
把它們拔掉！

（王母雙腿盆開坐在椅上，王福埋首王母兩膝之間地上，面
向王母背朝外，王母低頭吃力的拔、找──）

王　母　這是少年白啊，全是你爹傳給你的，唉，你和他什麼都
　　　　像。

（安靜地拔，少頃。）

王　母　真的快點找個媳婦兒了，瞧這些白頭髮，我簡直忘掉你
　　　　已經長大了。

（安靜地拔，少頃。）

王　母　早以前我還替你爹拔白頭髮，那時候懷著你，大個肚
　　　　子。也是這樣的拔，他怕疼，拼命叫喚，我照拔。

（安靜地拔，少頃。）

王　母　生你的時候，真難透了，花了九牛二虎的力氣偏就死也
　　　　不出來，產婆說準是個性子倔的小子，我累得快要厥過
　　　　去，唉，折磨人哦，真折磨人哦。

（安靜地拔，少頃。）

王　母　如今長的這麼大塊頭，過些時候再娶個媳婦兒進門，你
　　　　爹在天之靈也可以安慰了。咦，雨是不是停了？（微微
　　　　的抬頭望天）

（燈漸暗）

第三場與第四場之間

●燈微亮，王福仍不動如前場，埋首背向外，坐於王母椅前地上，但王母座上不見王母，赫然是女鬼，其姿勢也一如前場王母之動作，面微仰天，手上輕拔著王福白髮，唯姿勢較誇張，手並不真的觸及王福。

●女鬼椅後無聲地突然站起二鬼，三鬼互望，使個眼色，躡手躡腳捧起茶几和二椅，望著渾然不覺的王福，一步步慢慢退去。

第四場　海上

（空曠的舞台。王福慢慢站起。）

（海浪聲、雨聲……）

（王福轉過身來露出正面，一個震天響雷轟然一聲，大海色調的燈亮。）

（王福以寫意的微微動作，顯示船在海上載浮載沉，接著臉色突變，大驚失色。）

（四鬼各執一大旗出現於舞台四角，旗為顯示海浪的藍布，海浪四下洶湧滾進來，雨急落，風猛起，越凶、越猛——）

王　福　　我不會被你們吃掉！我是活的！老天有眼，不會答應你們！（摘下香袋，高高舉起）保命平安！保命平安！保命平安！

　　　　　（海浪——四面大旗——開始繞著王福轉，越來越快，圈忽大忽小。）

　　　　　（大鬼一伸手把王福手上香袋奪去，與另三鬼駐足，立於一旁詭笑，王福怔住——）

　　　　　（四鬼同舉浪旗，濤聲大作，王福嚇得跪跌於地，浪旗瘋狂亂舞衝向王福，王福掙扎起伏，浪是有增無減——）

　　　　　（時候到了，王福沉入海底。四面藍色波浪旗瞬間靜止，竿高舉，布垂落，如關閉之帷堂，死寂的安靜——）

（藍色的海水微微晃動著，又似乎凝止不動。）

（浪旗布微啓，先看見王福的上半身，然後是王福的整個身子，旗布悄然褪開隱去，留下孑然孤冷的王福屍體一身。）

（舞台光線逐漸改變，偌大淒暗的海底世界，只剩下王福的一張臉了。）

王　福　（冰涼緩慢的聲調，彷彿來自一個遙遠虛無的國度）天啊，惡夢、惡夢，法師說的事終於應驗了，我看見水面越來越遠，我在往下沉，一直往下沉，身子裡灌足了水，嘴巴已經裂開，眼珠子瞪得發脹，這裡好冷、好暗、好安靜——再也不會有人知道我在這兒，娘，妳在做什麼？葉兒，妳又在做什麼？我旁邊只看到游過來游過去的魚，往常是牠們死在我手上，這會兒卻是我死在牠們的地方，我的手腳開始變得冰涼、僵硬。

我始終不懂，爲了什麼我要受這麼大的處罰，十年在海上，每天看的是大海、天空，天空、大海，我嚥不下這口氣，葉兒，我們再來玩轉杯子扒衣裳，葉兒……

這個地方從來沒有人，從來沒有聲音，沒有光線，只有我，死了的、爛了的亡魂，可怕的寂寞！可怕的寂寞！我要醒醒，我要從這個惡夢裡醒來，我要和人說話，我要像人一樣的走路，我要看見日頭升起日頭落下，我要有人可以陪我、作伴——老天爺，您聽得見我說話嗎?！

（燈暗，黑暗中隱約依稀的那一張臉終於完全看不見了。）

第五場　接魂

（法師搖鈴做法事，法架上點燃了香火，王母跪於一旁隨著念經行禮，雙手抱王福衣於胸前，顯然已經傷心了很久，面色如土，呆若木雞。）

法　師　　漁人海上擔驚怕，空船破網要作罷，正回家，霎時滂沱大雨紛紛下，風雷並作更交加，出了岔——
　　　　　（法師誦唸祭拜完，見王母無反應，嘆口氣，接著——）

法　師　　接風洗塵正是黃昏，冷風淒雨一陣陣，手拿香火將卦問，大遠的路程喲，等候歸人——
　　　　　（法師一遛做法事，念經，比手畫腳走來走去，王母仍狀若木雕。）

法　師　　（望向前方）就要來了，算時刻，這會兒正在路上。

王　母　　見著了面，也只是見著了個冰涼涼的人兒，是我生出來的肉啊，我不能想，福兒一個人躺在海裡，一個人從海裡回家來。

法　師　　這些燙人的話再多說，王福就走到跟前——還恐怕要逃縮回去了！（心軟）人生是夢，大數難逃，這也無可如何了呀，安安心，念經等著他吧！

王　母　　我從來是只拉車，不問路！菩薩！我認命喔！

法　師　　將衣服舉好！

（王母依言舉起王福衣，雙手拎得高高的。）

法　師　　喔——

（法師舉香欲行法事，同時四鬼擺出彷彿出殯隊伍的姿態，三鬼高舉橫陳裝扮屍體之另一鬼，緩步由舞台後方走過。）

（法師執香在衣服上上下下地比劃念經）

（衣服法事行畢）

法　師　　抱緊在胸口。

（王母依言將衣抱緊）

法　師　　風向變了。

王　母　　風向變了？

法　師　　他即刻就要到。

王　母　　即刻就要到了？

法　師　　（搖頭嘆息）比預期的時刻早。

王　母　　（加緊念經）平安回來！娘知道你歸心似箭，娘等著你，福兒你可千萬認命啊，菩薩會教你靈魂升天，平安回來吧。

法　師　　他不是認命，是任性啊！

王　母　　他？……從來不任性，打小時候就從來……

法　師　　前頭是大海，後頭是妳家，王老太太，妳可知爲什麼我們站在半路上等他？（王母不解）妳可知他回來做什麼？

王　母　　村子裡凡是被海吃掉了的人都要回陸上家裡探一下親人才能安魂轉世，這是挨的不是?!

法　師　他心有不甘！

王　母　是……說……他死得不瞑目？

法　師　他是爲一名女子回來，一會兒他就打這路口直奔那女子住處。

王　母　他眞格有了中意的姑娘？──老天爺可憐見，我們剛說找個媳婦……

法　師　孽障啊！話不說明白，怕妳等會兒吃不消，那是一名酒家賣笑的煙花女子，名叫柳葉兒。

王　母　爲什麼──會有這等事？

法　師　前劫少修，方才有此一段孽緣，一會兒我們勸他，若是勸不動，只怕走下去要招禍啊。

王　母　是那天喝酒……？是李萬……？

法　師　(睜大眼望向前方) 來了！見了面，妳要做什麼心裡該有數。

王　母　我的福兒死也不瞑目?！(眼看著情緒快崩潰了) 老天啊！我快站不住了──

法　師　妳要衝著石頭掉淚麼？站直！(舉香火，搖鈴──) 但見紅輪西墜，晚霞來照，烏鴉歸巢，東方月兒高，霎時間，陰風起，樹頭兒搖，杳無人聲但聞狗叫，香火飄煙接魂鈴兒敲──

　　　　(王福走來，風聲，鈴聲。)

法　師　神目昭彰原如電，舉頭三尺是青天，我叫你，黃泉路上

人——王福！看清楚誰在這兒等你，說清楚你要做什麼？

（法師搖鈴，王福走向王母身前，跪倒叩頭。）

王　福　娘。

王　母　（以手掩面，悲不可過）福兒——苦了你啊！

王　福　娘……

法　師　把心裡的話放到嘴上說！

王　母　我沒得說了，福兒——可你得認命啊，若眞是心有不甘，你叫娘怎麼好喔？

王　福　娘，別擔心我，我這去見個人待會兒就回家陪您。

王　母　是那柳葉兒？（王福點頭）快別去了，娘不會騙你，菩薩不答應的。

法　師　魔孽作祟，癡迷心竅，王福你倒是醒不醒著？爲什麼執迷不悟？

王　母　福兒，你這一輩子都好好的，幹什麼臨了弄個不乾不淨？聽娘的，娘巴不得爲你好，巴不得換你的命……說不要去，你聽話吧！

王　福　娘，我只是去看一看她，待會兒就回家。

法　師　去，是沒人攔得住，連老天爺也攔不住，就怕想回來的時候回不來了。

王　福　我就這麼一次，去去就回——（起身就想走）

王　母　（伸手要抓）不准走！

法　師　不要碰他！（王母依言不敢碰）這是天意大不過人意，
　　　　不能強求，免得惹禍上身！

王　福　多大的浪、多遠的路我都回來了，娘，您儘管放心！

王　母　（怒火上升）你給我聽著！如果要娘跪下求你，娘就
　　　　跪，但說不准你去你偏要去，老天爺沒怪你，我可要先
　　　　翻臉，倒是什麼妖精把你的心給吃了？娘燒了一輩子的
　　　　香，末了你卻抓了把灰往臉上塗——那種女人不能惹
　　　　喔！

王　福　柳葉兒是個好姑娘家。

王　母　福兒你千萬沒說過這句話，娘沒別的要求，就這一件，
　　　　不要去！那種地方的人不能沾啊，別做出菩薩會生氣的
　　　　事哦——

法　師　倒是水有源頭木有根，老天爺造你，你娘生你，我們的
　　　　話你充耳不聞，還竟然敢頂回來，知恩不報還忘了本！
　　　　往後有任何事你可是自作孽，自個兒承擔！

王　福　（上前跪下再叩頭）娘，我去去就回。（轉身欲去）菩薩
　　　　會指引我往那兒去的。（王福遷去）

王　母　（衝著王福背影叫喚）王福！王——福！你是怎麼了，聽
　　　　不見我們說的話？王福！你是耳背了還是心裡抹了層
　　　　油？你要真去，我就不認你這個兒子！我就不認你！
　　　　（王福已遠去）我……我的話他怎麼都聽不進啊，老天
　　　　爺，這是怎麼啦？（跪在地上搥胸自責）

（法師靜靜收拾香火燭架）

法　師　（長嘆）這兩天妳要勤快念經禱告，恐怕事情會難收拾了！（打點好，望著跪地的王母）七七四十九個時辰一過，他還不死心塌地回去海上，天譴神責可沒人擋得了。（王母倏地直起身子）王老太太，妳聽到他說的話嗎？他全然不感覺他是個已經死了的人啦！──怎麼會有那麼重的濁氣？那麼深的孽障啊？怎麼會呢？

（燈暗）

第五場與第六場之間

- 燈微亮，接魂的音樂，憂傷哀淒的嗩吶聲響起，四鬼肅穆地低著頭，緩緩依序走入場中，狀若方才的送喪隊伍，雙手高捧著下一場戲的道具（即第二場戲的長桌與二椅）。

- 他們將道具慢慢放下擺定，桌倒置，椅橫塞在桌腿之間，其造型如棺似墳。四鬼沉重地垂首並立，再幽幽背過身，四鬼一列，肩膀開始小小的顫動，從背影來看，四鬼的身體搖晃亂顫漸漸強烈，像壓抑不住的悲痛，一發不可收拾──

- 他們轉過身來，身軀依然抽搐顫抖，臉上竟然是笑，笑得齜牙咧嘴、花枝亂顫，笑得要抱肚子叫疼，要掉淚了──

- 突停，察覺外面有人，便快速地將桌椅茶具擺好，急步下場，唯女鬼來到側邊門口處候著。

第六場　酒家

（王福筆直走入酒家，慘白的臉怔怔地望向那張熟悉的桌子，有夥計——女鬼——神色詭異地招呼入座，王福孤伶伶的四處打量著，彷彿情怯，一會兒，入座，夥計將酒瓶杯都送上了，並為之注滿。）

王　福　　葉兒姑娘在嗎？

　　　　　（夥計答應，隨即出場叫喚人去了。）

　　　　　（王福靜坐不動，少頃，望見熟悉的酒瓶酒杯，他伸出手來，緊緊的握住它們，久久，才放開手——）

　　　　　（望著杯中酒，突見自己面容的倒影，大驚，以袖遮面，少頃——突然一揮袖將桌上燭台火苗給弄熄了，在黑暗中，王福呆呆站著。）

　　　　　（柳葉兒入，見室內無燈，暗中摸索走到酒桌旁。）

葉　兒　　怎麼回事啦！火燭怎麼熄了？……小二！小二！客人不是來了嗎？快去拿火來！

　　　　　（檢場人在桌後竊笑，溜去。）

　　　　　（柳葉兒摸到椅子坐下，東摸西摸找不著燭台，是王福已將燭台先拿在手上了。）

　　　　　（柳葉兒一手托腮，靜靜的、懶懶的在暗中養神，王福一旁不敢言語，一逕望著。）

（柳葉兒摸到酒杯，於是自己斟上，小飲一口，無意識地隨手玩著兩個空杯，轉來轉去，王福仍只是呆望著。）

葉　兒　你躲在那兒當我不知道?!

（王福聞言一驚，柳葉兒回身四處望望，又再轉回身，逕自玩著杯子，原來只是試探是否自己錯覺——突然柳葉兒站起來。）

葉　兒　到底有沒有人？我明明聽著聲音了，幹什麼裝神弄鬼地想嚇唬人？

（柳葉兒和王福二人位置彷彿相對望著，柳葉兒轉怒爲笑。）

葉　兒　才出海一天就趕回來了，猴急什麼？還眞迷上這兒啦？——把燈熄了把這兒搞得黑漆漆的，當我猜不著還會有誰出這餿主意——（坐下，忍不住想笑）好，這次你倒眞沉得住氣，好一個李大爺！（坐下，有點氣了）再不作聲，別怪我翻臉了！

王　福　（以手捂嘴）葉兒，我趕回來是心裡惦掛著妳。

葉　兒　（更覺好笑）幹嘛裝怪聲怪調說肉麻話，快把燭火給點起來！

王　福　葉兒……

葉　兒　倒是快把燭火點起來啊，我的李大爺！

王　福　葉兒，燭台在我手上……

葉　兒　好嘛，天天換點子耍我，給我抓著，你輸什麼給我？

王　福　我的命！

葉　兒　　好，你別反悔！

　　　　　（柳葉兒循聲走去，一步一步用手摸索著，方向稍偏差點，
　　　　　王福一個反向移位，站定望著柳葉兒。）

王　福　　來啊！我在這兒！

葉　兒　　（站住不動）算了，我不玩了，我要你的命有屁用。

　　　　　（王福亦呆住，柳葉兒呆立一會兒，悄悄地躡手躡足走向王
　　　　　福，王福卻不閃不避望著。）

　　　　　（此時李萬走進來，一見暗室無光，大惑。）

李　萬　　這是幹什麼？

葉　兒　　（頓足，誤以為——）好傢伙，又給你跑掉了！

李　萬　　葉兒，幹嘛不點火燭？這麼黑漆麻烏的——

葉　兒　　你還耍嘴皮子！到底你點不點火燭，儘耍我玩兒！

李　萬　　耍妳玩兒？嘿，好娘們兒（摸黑走向柳葉兒）火燭熄
　　　　　了，我倆還能玩什麼別的？

　　　　　（一把抓住柳葉兒，不由分說就抱了起來，柳葉兒掙扎不已。）

李　萬　　瞧我逮著了什麼，一隻大魚還是一隻大蝦！

葉　兒　　放開我！一身的魚腥味兒少沾了我！

　　　　　（柳葉兒掙開溜走，李萬又繼續摸索。）

李　萬　　想不到今天妳比我還急，我人才剛到，妳就熄了燭火，
　　　　　有意思，有意思。

　　　　　（李萬聽到柳葉兒撞到桌子聲，一個箭步抓住柳葉兒，強按
　　　　　在桌上，柳葉兒掙脫不得，李萬騎在柳葉兒身上，強行扳

開柳葉兒雙腿。）

李　萬　　李萬玩女人，在大太陽下玩過，在雨水裡玩過，在伸手
　　　　　不見五指的酒家小桌上，可是第一回！

葉　兒　　這回玩看不見的，好！但我要真使勁兒溜走了，看你是
　　　　　甭想再逮著！

李　萬　　（大樂）妳要使勁兒？好極了！我也巴不得妳使勁兒！

　　　　　（李萬以大力氣硬壓住柳葉兒，柳葉兒越掙越緊，王福怒目
　　　　　走來，站在李萬後面，微微舉起燭台，眼看要打。）

李　萬　　太美了！這兒暗的什麼也瞧不見，娘們兒，妳瞧得見我
　　　　　嗎？倒猜猜看我是誰啊！

葉　兒　　猜你是誰？我猜你是王福！

　　　　　（王福與李萬都愣住，柳葉兒趁機用腳一蹬，李萬踉蹌退
　　　　　後，正巧李萬與王福並肩而立，同時間四鬼出現在四周。）

李　萬　　臭娠子，真吃定我李萬了！我這一團火，妳還真會搧
　　　　　啦。

葉　兒　　嘴巴大心眼小，到如今還吃味兒你！

李　萬　　（嬉笑）可不是嗎？我這兒酸啦，酸得我想打人想罵人
　　　　　了。

葉　兒　　你敢！

李　萬　　我不敢？打是情感，罵是愛，嘿！不打不罵用腳踹！

　　　　　（撲躲之間，四鬼急速將桌上茶具和椅子拿開，彷彿幫忙清
　　　　　場好讓二人追躲，李萬一把逮著柳葉兒，糾纏間，李萬扒

　　去柳葉兒外衣，柳葉兒跑開。）

李　萬　　我一件一件的扒，看最後剩下什麼？

（追來追去，李萬抓住柳葉兒，強行制服了。）

葉　兒　　（罵）你是隻豬！又臭又髒的公豬！

李　萬　　這隻豬啊！可是風吹的雨打的太陽烤的，是妳上輩子修
　　　　　來的……

（李萬一把將柳葉兒拉下，同時四鬼將長桌舉起打橫，桌面
像個小屏風，他們將這小屏風緩緩放下，李萬與柳葉兒拉
扯，身影亦隨屏風的遮擋而消失。）

（王福呆望，整個人傻了，兩眼無法轉移開，直直盯著桌
後。）

（四鬼背身一列，站在橫置的長桌——小屏風這端，低頭俯
看長桌那端二人翻雲覆雨，他們顯得越來越興奮，禁不住
搔首抓頭，扭腰跳腳。）

（他們一個箭步跑到桌那端繼續觀看，仍是並肩一列，四鬼
面容是一種扭曲的激情。）

（他們突然注意到一旁掩面閉眼的王福，他們圍過去，不懷
好意的望著他。）

（王福手中燭台「碰」的一聲落地，四鬼突然一哄而散，三
鬼立即將桌椅還原擺放，奔跑出場。另一鬼拾起燭台點燃
了，置放於桌，隨即奔出場，於是室內恢復光明——李萬赤
身，著內褲站起，柳葉兒以衣衫遮體，亦隨著站起。）

李　萬	哎呀！我當是耗子撞翻了燭台，原來是王家小兄弟到了，怎麼識途老馬自個兒會認路，不用人帶啦！
葉　兒	王福，你臉色怎麼啦？
李　萬	小白臉小白臉嘛！我剛說到他，他就到，不小白臉嗎？（走向王福）來，咱們喝酒，讓你葉兒姐姐陪你這小白臉玩兩杯，來吧！別愣在那兒。
	（手搭王福，王福無反應，突然李萬嚇得縮手了。）
李　萬	你的臉和手為什麼——
葉　兒	王福，你身子怎麼冰涼涼的——（再一步向前抓王福手，立即丟下。）
王　福	葉兒——妳不要怕，我來看妳。
李　萬	（聲音顫抖害怕）王福，你不是出海了嗎？被海吃了是不是？做了鬼了是不是?!
王　福	船翻了！
	（柳葉兒嚇得躲在椅後，李萬亦好一會兒說不出話來。）
李　萬	快走，回你家去，回你海上去！
王　福	葉兒，我……
李　萬	去你媽的！（怒不可遏，拿起燭台）你不走，我拿火燒你！（作狀）
葉　兒	王福，你真被海吃了？
	（王福低頭默認）
李　萬	滾！快滾！我真燒你，你想死兩次不成？滾出去，我把

　　　　你的皮要燒爛掉了！

王　福　　（絕望地）葉兒！

李　萬　　你──你又回來這兒是為了什麼？說啊！倒是誰欠了你
　　　　的？說啊！

王　福　　葉兒──我只是來看妳──我要妳──做我們家媳婦。

李　萬　　（為之氣結，強自按捺）王福，門兒都沒有，你知道那不
　　　　可能的，笑話嘛！你快滾！（以火觸王福，王福退縮）
　　　　你敢冒犯老天爺嗎？死人就沒王法嗎？滾！快滾！這地
　　　　方只有活人才能來，你快滾！

王　福　　葉兒！妳不想看見我嗎？

　　　　（柳葉兒搖頭，李萬仍以火觸刺王福。）

李　萬　　滾！你是瘋了還是中邪了？狗屁不通的話也能說出口！
　　　　滾！別在這兒嚇唬人！

王　福　　（被逼到絕處，求救地吶喊）葉兒！給我一句話！給我一
　　　　句話！

　　　　（柳葉兒還是搖頭，王福終於轉身而去。）

李　萬　　（跪地朝天叩頭）老天爺在上，我李萬可沒對不起王福，
　　　　老天爺叫那王福快回去，老天爺叫他千萬別再來了，老
　　　　天爺在上……

　　　　（燈暗）

第六場與第七場之間

●燈微亮，長桌上，女鬼反向而臥，兩腿高舉張開，原來二鬼壓在她的身上，突然直立，相視一笑，彷彿功成事就，各執一椅退去。

●女腹圓滾，狀若有孕之大腹，女手輕撫圓腹，腹部小裙一掀，圓滾孕體竟是矮鬼的頭，矮鬼咧嘴陰惻地笑。

●更甚者，矮鬼像探本究源似的好奇，從女鬼腹中一把一把抓，抓出一些稻草、繩線⋯⋯。女鬼半起身望著，伸手一把抓住矮鬼的頭重新又塞回腹部裙內，緊按著不放手──

●後區一角，燈光亮，王母正倚小茶几打盹。

●女鬼與矮鬼見狀，二話不說，一縮頭，舉起長桌，撤離而去。

第七場　母親

（景如第三場，二椅一茶几。）

（王母坐在椅上靠著小桌打盹，夢話呢喃不止，顯得心事重重，憂心已極。）

（突然醒來，驚魂甫定，以袖擦汗。）

（跪在地上，叩頭膜拜。）

王　母　　吃了秤錘鐵了心囉！這麼多天下來，他怎麼不出現啦?!
　　　　　（站起身來，在房內四處踱步，口中仍不時喃喃，斷續不連。）

王　母　　我不罵你，不打你，我是你老娘啊！那麼老了，你幹嘛呢，我找也找不著，哎喲——這兩條腿快走不動了，站不住了，你出來吧——不能再耽擱啦——
　　　　　（隱隱雷聲響，王母走向門外望天，一會兒回身入室，門檻處又差點絆到，王母嘔著一口氣入座，一會兒，以手擊桌連連，大聲喊罵出口。）

王　母　　你快給我出來啊！出來啊你！時辰已然要到啦！娘求求你出來！
　　　　　（小桌下面悄悄爬出一隻老鼠，老鼠仍是小鬼扮演，王母望著牠，不動聲色，老鼠慢慢走向門口。）

王　母　　倒是你出來了，哼，我也甭費神抓你，走不了再兩步路

你就得躺下來。

（王母來到門前，見老鼠已蹣跚走向後院，便跟蹤而行。）

（另三鬼此時快速將二椅一茶几搬走。王母頓足望天，突聞見什麼異味，東聞西嗅。）

王　母　莫非死耗子死透了爛掉了發臭啦？

（循味而去，走向後院，來到小屋前止步。）

王　母　早猜想這小屋子裡有耗子窩，果不其然！（動手解門閂，邊解邊說）我拆你們老窩！哼！吃了我的藥，死了還會回自己窩來死──（為自己這句話愣住，繼而大力將門一推，室內一片黑暗，僅有屋頂縫隙落下的幾線光射在地上。）

（王母在黑暗中摸索，膽大不信的，猶豫、試探，偶爾作出鼠噓聲。）

（裡面是無聲無息的黑暗，久久──）

（此時隱約可見王福陰影，坐在一角，身旁老鼠跑來跑去。）

王　福　誰也不要過來！

王　母　（大驚，仍不確定方向）福兒！福兒！（邊說邊走向裡面，發現──）

王　母　福兒，你是發瘋了嗎？躲在這個耗子窩裡幹什麼？（揮手趕老鼠）滾！滾開！

王　福　不要過來！

王　母　（沒理會，繼續趕老鼠）滾開去，死耗子，滾啊！我要發

　　　　　　　火囉！滾！

王　福　　（大聲）不要過來！

　　　　　　　（王母依言止步，老鼠盡去，母子二人沉默少頃，王母蹲下來。）

王　母　　福兒，你到底怎麼了？說給娘聽聽！（王福不答）……
　　　　　　這些天你一直藏在這兒？老天爺看看哦！這孩子的身體
　　　　　　都壞成這個樣子——福兒，說話啊你，到底在嘔什麼？

　　　　　　　（王福仍不答，王母突轉強硬，站起大聲罵出口。）

王　母　　你到底在嘔什麼?!時限馬上就到，你不快快回海上，是
　　　　　　存心永遠當野鬼、當遊魂嗎？犯天條的事啊！不行，不
　　　　　　行的，講你再講不動，我可要伸手打囉，怎麼牛脾氣倔
　　　　　　得這麼沒道理！（兩袖撈起來，作勢要動手打狀）現在給
　　　　　　我站起來，隨我走出這個屋子——

王　福　　（更強硬地）不要過來！

王　母　　我非要過來！

　　　　　　　（兩人僵持都沒有動，一會兒，王福抱頭屈身趴下——）

王　福　　您是生我養我的娘，您管我教我疼我，可我還是死了
　　　　　　——

王　母　　（愣住，心軟）福兒，你有話要說？

王　福　　娘，我……我受不了，我有個念頭在腦子裡盡打轉，拿
　　　　　　也拿不走——

王　母　　（邊說邊往前）是那個臭女人說了什麼？

王　福　　（頭猛抬起，身作直，王母止步）我做了什麼錯事，我做

了什麼？

王　母　　你到底要什麼？

王　福　　我只是想回來。（稍頓，王母正欲接口）娘，您別罵我，您說什麼我都聽，這回我不是有意的，我當真腦子轉不過來，（變成哭訴）娘，我當真轉不過來，我不是有意惹您生氣。

王　母　　（沉默少頃）那個女人怎麼待你？（王福搖頭）她笑話你？（王福搖頭）她罵你？瞧你是個傻子？笑話你是個死人？（王福搖頭）那個王八臭婊子，她敢對我兒子——

王　福　　她是個好女人。

王　母　　（愣住，少頃）福兒，隨我出去，時辰馬上要到了，我們再不離開，就要來不及了。

王　福　　我不能走！

王　母　　這是人話嗎?!老天爺已經決定了，你還能唱反調？（氣極了）我都不能，你能？我天天燒香念經，守規守矩，他媽的還死了丈夫、死了孩子，活受了一輩子的罪，我缺了什麼德了我？我香白燒的？頭是白磕的？經是白念的？我一屁股怨氣還沒地方放，我……我……（喘息片刻，自覺失言，忙補了兩個磕頭拜天）反正我說的話不算話，祂說的才算，懂不懂？天比人高，走！（王福不動）你還有得說的？

王　福　娘，您凡事認命，什麼事我都聽您的，但我這口氣嚥不下去，我這輩子好短，什麼也沒做。

王　母　至少你什麼壞事也沒做！

王　福　（激動抗議）我現在要做！好事壞事我都要做！我什麼都沒做！我什麼都沒做！

（王母憤極衝動地猛力一巴掌打在王福脖子上，王母住手，王福靜靜抬起頭。）

王　福　我不能就這樣走，走了，就統統沒有了！

（王母氣餒，坐下。）

王　福　娘，我做不到。

王　母　娘問你，你是眞喜歡那姓柳的姑娘？（王福點頭）你要和她怎麼樣？

王　福　我知道我身子已經爛了臭了，不可能了。

王　母　說，你——想要和她怎麼樣？

王　福　我——我只想——再見她一面。

王　母　我聽不懂你在說什麼，不懂你到底要幹什麼？只是你這口氣嚥不了，娘心裡疼得快要死掉，福兒——娘答應你再見她一次，娘拿這個老命擔保，你先去海邊候著，一會兒我和她就到。

（王福愣住——跪下叩頭，爬向王母，一步一叩，終於抱住王母膝。）

王　福　娘，我傷了您的心。

王　母　（抱住王福）孩子，走吧！傷心傷透了也可以死心了，
　　　　隨我出去，時辰要到了。
　　　　（法師率四小鬼衝進場，此刻四小鬼的身分是催命無常，急
　　　　沖沖地來捕王福。）

法　師　正是——時辰到了，催命無常前後把道守關！
　　　　（撞門入室，見王福王母。）

法　師　這些天來你躲得好啊，天條法網你也無視眼內，王福，
　　　　快快低頭伏法，善惡紛紛路只有兩條！難道你還沒決定
　　　　要選哪一條麼？

王　母　法師大人，福兒已經答應回去了，時候還有沒有一點寬
　　　　容？

法　師　僅一支香的功夫，再不回去就永遠回不去了！

王　福　我走！
　　　　（眾人均一愣）

法　師　上前來，跟著我。（四小鬼側身讓路，王福慢慢走到法師
　　　　身旁，法師轉身領路。）

王　福　（望著王母）娘！
　　　　（王母痛苦地、會意地目視王福。）
　　　　（王福突然一把將法師推開，法師伸手再抓，卻被王福猛力
　　　　推倒在地，王福疾步逃走——）

法　師　（憤然站立，四鬼在側）王福！我要你永遠回不去了！
　　　　（燈暗）

第七場與第八場之間

●燈微亮。小鬼對大鬼交頭接耳，大鬼像聽到大謬不道之事，不忍卒聽狀，大鬼又對女鬼耳語，女鬼又對矮鬼耳語，都是一樣反應。四鬼狀若饒舌村婦一般，少時即滿城風雨。

●比手畫腳之間穿插扮演王福死屍行走狀，旁觀者哄笑……

●他們突然停止交頭接耳，悄悄走向後區，四鬼分頭合作拉開天幕，隨即退下。

第八場　海邊

（舞台後方是一望無際的天空。）

（王福在台中央孤獨的站著，風吹體寒。）

（李萬走來，王福初以為是柳葉兒來了，一見之下，頓顯失落無望。）

王　福　葉兒不來了？

　　　　（李萬不答，警戒地望著王福，隔著一定距離走向舞台另一側，王福衝動欲上前。）

李　萬　（大吼）不要靠近我！

　　　　（王福趕緊不動，李萬鬆口氣。）

李　萬　王福，以前我倆一塊出海不少時候，我到底是你的好兄弟，這會兒我可是良心發作，趕著來警告你喔，此刻再不回海上，法師已經在準備法架行頭了！

王　福　我娘呢？葉兒呢？

李　萬　你這混小子，活著不開竅，死了還惹我罵。我腳程快，趕著來通風報信，你別當我愛來，叫你別耽擱了，你就別問下去，快走吧！

王　福　李萬，你到底來做什麼？她們出了什麼事？

李　萬　她們出事？是你出事！八成你肚子裡裝了牛大便，耳朵塞了是羊屎，你等什麼？等什麼？你娘不會來了，葉兒

也不會來的，我發誓，騙你的是孫子，沒有人會來，只有法師會來，再定你一次死罪，我摸著我的肚臍眼兒說話，你怎麼不聽呢？

王　福　她們不會不來！

李　萬　沒有人會來！

王　福　她們一定會來。

（李萬頹然坐地，兩人無言，隔著一段距離坐著。）

王　福　李萬，我巴不得能和你再去喝酒，喝個稀泥爛醉的……

（少頃）

李　萬　你走了以後我拿酒上你牌位祭你，咱們隔著陰陽兩界照常喝個痛快。（少頃）喲！好像有人聲音過來了，快走吧！再不走，連牌位上的祭酒都甭喝了。

（王母偕柳葉兒入）

李　萬　你不走，那我去囉！

王　母　福兒，人在這兒了。

（王福激動地說不出話來，望著柳葉兒，柳葉兒走向前，與王福四目交會，都沒作聲。）

李　萬　事情鬧到這步田地，叫妳們不要來，妳們是真不怕惹麻煩啊？

王　母　正是這話，事情已經到了這地步，你不要給我找麻煩！

葉　兒　（對李萬）沒你的事兒。

李　萬　沒我的事兒？好，好，有妳的事兒嗎？幹嘛一個人發

瘋，大夥兒陪著發瘋？（王母捲袖走來，李萬嚇得忙躲）

我又沒說錯什麼？

王　母　　你給我住嘴，小心我抓一把泥巴塞到你的嘴裡！

葉　兒　　告訴我，你為什麼回來？

（王福困窘地不知如何作答）

葉　兒　　你回來看我？

王　福　　我回來，是要看葉兒。

葉　兒　　你已經看到我了。

王　福　　（遲疑片刻）——我要看的是葉兒。

葉　兒　　你為什麼要看葉兒？

（王福不能答）

葉　兒　　葉兒長的好看？聲音好聽？聰明？葉兒對你好？

（王福點頭）

葉　兒　　如果葉兒也對別的男人好呢？

（王福愣住）

葉　兒　　王福，我由衷的感念你對葉兒的情，可是我就是葉兒，
　　　　　憑什麼你只認葉兒不認我？憑什麼你嘔我的氣？憑什麼
　　　　　你把心傷了，躲著不見人？憑什麼？

李　萬　　妳心裡不樂意幹嘛還來？我勸妳還不聽！就知道嘛！人
　　　　　一來，事情包準攪和得更難收拾。

葉　兒　　李萬，我來是為了這輩子沒人這樣對過我！

李　萬　　（大笑）好一個葉兒，巴不得人把妳當寶似的，巴不得

做個小貓小狗讓人疼妳、寵妳、要妳——我還不夠好？非得像他這樣發瘋了？葉兒，妳就是愛要，什麼稀奇古怪妳就要玩玩，談情感的事妳也找有趣新鮮的，天生是他媽幹妳那一行的人，沒錯！

王　母　就你那雙耗子眼睛，還敢瞧不起人？

李　萬　我沒有瞧不起人，也沒有太瞧得起人，我瞧別人和瞧自己一樣，總行了吧！都是吃完飯睡覺，睡完覺，男人找女人，女人找男人，簡簡單單！幹嘛有人在這裝瘋作怪，把事情弄得剪也剪不斷——我看不過去。

王　母　兒子是我的，我要護著他，倒看看哪個王八蛋敢攔著！

李　萬　老天爺！

王　母　老天爺會聽我的。

李　萬　當真笑話了！就憑妳平日多燒那點香火？

葉　兒　（斥止）李萬！

李　萬　老天爺從來聽自個兒的！天有天道啊！

王　母　人可也有人道啊！

（法師入，從王福背後突然現身，手執法架逕自安放好，眾人無聲，屏息以待。）

王　母　法師……

李　萬　王福，再不走還等什麼時候？

法　師　不用走了！

葉　兒　什麼意思？

法　師　（狠盯了柳葉兒一眼，再環顧眾人）——時辰過了。

王　母　法師，您好心寬一點吧！這孩子眼看著最後關頭就要轉過來了，眼看著就能嚥氣了！

法　師　你們要到什麼時候才會醒？（氣憤大聲）他要能嚥早嚥了，他心裡掛了魔，誰也救不了！

葉　兒　那不是魔，分明那是份情，明明白白就是！

法　師　方才有個誰說一個人發瘋，大夥兒陪著發瘋，真說對了。

王　母　法師，我指著我的兩個眼珠子和兩排老牙賭咒，老天爺一定會答應多延一會兒功夫，我擔保！

法　師　解衣包火，那是自招其禍。你們都跪下！（三人依言跪下，法師比手畫腳）善惡循環，天理昭昭，神佛察照，誰能法外逍遙！你們把眼閉上了。

（三人眼都張著，跪著。）

法　師　是爲你們好，張著眼連你們都連帶倒楣。

李　萬　閉了眼王福要發生什麼事？

法　師　不要多問，再張開眼時他就不在了，閉眼！

（三人張著眼不肯閉，王母不停地搖著頭。）

王　母　（要奔向王福）福兒，快說話，快向法師求情吧，快點！

法　師　（喝止）跪下！不許接近他。

（王母跪下）

葉　兒　法師，時辰是個什麼東西？

法　師	妳做的是個傷人道的下賤行業，王福是孽主，妳是禍端，時辰是他早得報應，妳只是晚遭禍殃。
葉　兒	老天爺在上，天底下是非好壞您都能決定？
李　萬	葉兒，法師就是老天爺，妳快別衝了。
葉　兒	我正想問，他是老天爺不是？時辰是老天爺定的，還是法師定的，是憑人心定的不是？如果不是？我們算什麼？
法　師	（先是一愕，正欲發作，繼而冷笑）好，妳有很強的眼力能看人心，說話扣人，此刻我要再和妳多費唇舌，反倒是低估了妳——
葉　兒	最後再有一問，王福到底做錯了什麼？
法　師	他回來就錯了，不甘願不認命就是犯忌，我也這麼問，你們摸著土地回話，是妳，妳死了還硬要回來嗎？
葉　兒	（稍頓一會兒）我——不想回來，不值得！
法　師	王老太太？
王　母	我不要再回來了，日子太苦、太難了。
李　萬	我說不定有點想回來，可我不敢，天有天道啊！
法　師	所以，你們說我應該拿他怎麼辦？
王　母	（趨前，因焦心而瞎接話）我等你這句話等半天了，放他一馬勝造七級浮屠！放生可以積德，可以修行啊！
法　師	一派胡言亂語，你們要一塊兒作孽，我可沒法兒救！
王　母	（忍無可忍的委屈，急躁）不是作孽啊，是……是……他

是孩子嘛！不懂事嘛！

法　師　王老太太，不是我不體諒妳愛子心切。職責所逼，我只能做一件事，不該來的就不能來，該誰走的一定要走！

（四小鬼飛奔進場，四下站定。）

（王母見狀疾步奔向王福，一把抓住拉扯不停。）

王　母　來，向法師大老爺叩頭陪不是，快來！娘陪你去求情，怎麼還倔哦？老天爺會可憐我們的，來啊！（拉扯不動，又疾步跑向法師，抓住拉扯）來！來！您是青天大老爺大恩人，說句好聽的話，老百姓得救哦！世態炎涼哦！您說句話吧！（再奔向王福）來啊你！沒功夫拖了，你幹嘛大蘿蔔啊？我拔你幹嘛不動啊？來向大恩人認錯！悔過！哎喲！（邊跑向法師邊嚷）老天爺救命喲——（對法師）來！來！他知道他錯了！他要認錯了，您要放生啊！放生啊！

王　福　娘，（稍頓）我真的錯了嗎？

王　母　（大吼）錯啦！

王　福　（望向柳葉兒）葉兒？

（柳葉兒直搖頭，答不上話來。）

李　萬　甭管錯不錯，認錯要緊啊你！

法　師　王福……

王　福　（跪著對天叩頭）老天在上邊，土地在下頭，王福當真是錯了。

（柳葉兒沮喪至極，垂首不語，四小鬼開始一步步走向王福。）

王　母　（喃喃）慢點！慢點！法師您要救人啊！法師，孩子已
　　　　經認錯了，還要怎麼樣呢？

（眼看著四小鬼逼近了，王母倏地衝向王福，站於王福身前
擋著，疾聲喝叱。）

王　母　你們給我退下去！

（聲勢所逼，四小鬼不自覺被嚇退幾步。）

王　母　（聲如雷，狀如火）孩子是老天爺給的，孩子也是我生
　　　　的，我就是老天爺！說話算話，不管你們從天庭來，還
　　　　是地府來，你們敢不聽都不行！誰要走近！我抓把泥巴
　　　　給他埋了！

（四小鬼被王母嚇住了，隨即，惡向膽邊生，一翻臉他們便
戲謔地躍近幾步，王母狠狠盯著他們。）

王　母　你們敢過來？好！來，不怕死的過來。

法　師　催命無常放耳聽話，先給我站住了。

（四小鬼猛地衝上去圍住王母，有的跳在王母身上，有的拉
扯糾纏。）

（王母話落手起，一巴掌揮過去，將小鬼打得人仰馬翻，疼
得哇哇亂叫，另三鬼急將小鬼拉到一旁，怒目瞪視著王
母，喉中發出可怕的歡聲。）

法　師　亂了，亂了，連我的招呼你們也敢不聽，（大喝）住
　　　　手！給我住手退下來。

（四小鬼停手，王母狼狽跌坐地上，法師正怒火中燒。）

法　師　　冤要找頭，債要問主，誰敢存心壞我的規矩？

（有一小鬼見勢有趣，假裝撲向王福，王母剛來拉，小鬼猛地騎在王母背上，取出針支欲插入王母頭頂，終於被王母大力給推開，小鬼仍笑嘻嘻地望著法師。）

法　師　　（氣的失了態，惱羞成怒）他媽的，要和我玩命是吧？（舉手向天）天理昭昭，神目為電，我人在這兒，法在這兒，左手的七星，右手的南宮，橫豎我已經畫好界限，分配好了道理，我說要留人，誰也不准催，哪怕你——是催命無常！

（四小鬼面容突轉猙獰可怖）

（一小鬼突上前將法架推倒，法師見狀不言不語，筆直走向王福。）

法　師　　王福，起來。（一手拉著王福，一手拉著王母，三人一線站立，法師狠盯著四小鬼，繼而仰臉向天）我現下決定，王福，我保你回海上，從此瞑目長息，跟著輪迴轉世，重修人業。葉兒的情緣，來生再結，前後左右，聽話行事！你們把風向拉好，浪頭打順！

（四小鬼齊聲狂嘯，撲向王母王福身上，有個撲向法師的被一掌推開，四小鬼邊揪打、邊怪嚎，狀若嬉耍、若瘋狂。四小鬼滿場亂叫亂跳，甚至將法架舉起，跑著、耍著。）

（柳葉兒奔向王福，抓王福手，王母李萬亦聚合，四人相

連，法師隨即加入。）

法　師　站在我後邊！

（五人成聚，四小鬼繞著狂奔怪叫不已，間或有嬉耍作弄自
己同伴的。）

法　師　抓一把泥土！

（另四人依言而行，法師手指其中一名小鬼。）

法　師　封他眼睛！

（眾人同時將泥土灑去，該小鬼立即站立不動，手揉雙眼，
繼而跌跌撞撞，另三名小鬼瞪大了眼望著——突然矇了砂土
的小鬼發出淒厲叫聲，久久不停。法師作法念咒，另四人
亦隨著紛紛跪下，一齊念經行禮。）

法　師　天行地轉，神道無盡，眞人明斷，鬼窟翻身。業龍作
孽，則向海波水底擒來；邪怪爲妖，入山洞穴中捉出
——鼓聲搖陸地，雷響震晴空，和風吹向十方三界——
於是！刀山化爲塵土，油鼎結成冰！

眾　合　刀山化爲塵土，油鼎結成冰！

法　師　王福諸苦難，聞經得解！

眾　合　刀山化爲塵土，油鼎結成冰！

（道士搖鈴，眾人合聲不斷，四小鬼跌跌撞撞，愈顯無力，
有坐在地上的，有爬著站立不得的，有抱著同伴抽搐的間
斷的嬉耍、翻筋斗……）

法　師　王福，你繫的鈴，你自個兒解吧！趁他們還沒有再發作

以前，你快快了結，不然，一會兒不但救你不成，這命數天理都要被他們給砸了。

（王福上前對法師叩頭）

法　師　　我並沒有存心饒了你，去謝你娘吧！

（王福行至王母前叩頭，嗩吶響起，哀傷中透著一股寧靜。）

（王母摸王福髮，不語。）

（王福行至李萬前，二人互相叩首，王福行至柳葉兒前，二人沉默片刻——）

葉　兒　　一路上好好走。

（王福向柳葉兒叩頭，柳葉兒望著，亦回叩，法師搖鈴作響。）

法　師　　因緣以何故，乃因不斷情，輪迴自此起，孽浪自此生。

（搖鈴）王福！人事打點乾淨了，迅速上路，這些魔孽還在後頭守著。

（王福直直走向台中央，跪下拜天，起身。）

王　福　　我這就去了。

（慢慢走向後方暗處，四小鬼中仍有鬼突然衝上前攔阻作怪，法師急忙率眾奮力念經，小鬼起身又跌，難以為害。王福終於一步步消失在遠方暗處。）

法　師　　來時無影去無蹤，千里程途一陣風，黃泉路遠難相送，順風順浪——自求保重！

眾　合　　順風順浪，自求保重！

法　師　　王福諸苦難，聞經得解！

眾　合　　順風順浪，自求保重！

法　師　　黃泉路遠，難以相送！

眾　合　　順風順浪，自求保重！

　　　　　（眾人與法師一唱一和，重複不斷，嗩吶樂音拔到最高，鼓
　　　　　樂一拍一拍沉沉重落，台後方稍暗處，四鬼仍欲奮力起
　　　　　身，終是不能，臥地蠕動不已。）

　　　　　（燈漸暗，幕落。）

　　　　　　　　　　　　　　　　　　　　　　　　劇　終

首演資料

《今生今世》一九八五年十月十八日首演於台北市社教館活動中心，
台北藝術季主辦，【蘭陵劇坊】演出。

編　　劇：金士傑

導　　演：陳國富、金士傑

藝術指導：吳靜吉

服裝造型設計：霍榮齡

音樂設計：陳建華

技術指導與執行：雲門實驗劇場

舞台監督：洪隆邦

助理導演：王曙芳

音效控制：鄧安寧

道具管理：黃世儒

服裝管理：李文惠

劇　　照：葉清芳

首演演出人員及角色

顧寶明———飾王　福

李立群———飾王　母

劉靜敏———飾柳葉兒

趙　舜———飾李　萬

金士傑———飾法　師

林于竝———飾檢場人

邱瓊瑤———飾檢場人

游安順———飾檢場人

董萊生———飾檢場人

感謝葉清芳提供本書劇照

王福背身坐在地上，檢場小鬼不懷好意地望著他。 （葉清芳攝）

李萬欺身強上柳葉兒。四周圍觀的是檢場四小鬼。 （葉清芳攝）

王母家中坐，老鼠到處跑。　　　　　　　　　　　　　　　　　（葉清芳攝）

王母（中間站立者）與四鬼起了衝突。法師（右後）與李萬、柳葉兒（左下方）俱無
對策。
　　　　　　　　　　　　　　　　　　　　　　　　　　　（葉清芳攝）

金士傑作品年表

1974年　基督教藝術團契主辦，演出《和氏璧》，導演黃以功，編
　　　　劇張曉風。

1975年　基督教藝術團契主辦，演出《第三害》，導演黃以功，編
　　　　劇張曉風。

1976年　基督教藝術團契主辦，演出《嚴子與妻》，導演黃以功，
　　　　編劇張曉風。
　　　　中國戲劇中心主辦，演出《大漢復興曲》，導演黃以功，
　　　　編劇李曼槐。

1977年　中國文化學院主辦，演出《一口箱子》，導演黃美序，編
　　　　劇姚一葦。

1978年　基督教藝術團契主辦，演出《位子》，導演黃以功，編劇
　　　　張曉風。
　　　　中國戲劇中心主辦，演出《楚漢風雲》，導演黃以功，編
　　　　劇李曼槐。
　　　　劇本創作《演出》，發表於《中外文學》第68期。
　　　　主持「耕莘實驗劇團」，擔任召集人、導演、編劇和演
　　　　員，並與指導老師吳靜吉、李昂共同教課，隔年劇團定

名爲「蘭陵劇坊」。

1979年　東南工專話劇社主辦推出《演出》，擔任編劇。同年獲得
中國話劇欣賞演出委員會頒發「最佳編劇獎」。

耕莘實驗劇團演出《包袱》與《公雞與公寓》，擔任編
劇、導演和演員。

1980年　劇本創作《荷珠新配》，發表於《中外文學》第97期。

中國話劇欣賞演出委員會主辦第一屆實驗劇展。編導
《荷珠新配》、《包袱》，並參加演出。

聯合報主辦《貓的天堂》，擔任演出。

洪建全文教基金會主辦，演出《新春歌謠音樂會》，由卓
明編導。

1981年　《荷珠新配》參加高雄市文藝季及北部大專院校巡迴演
出。

中國話劇欣賞演出委員會主辦第二屆實驗劇展，參加演
出《家庭作業》，由黃承晃編導；《公雞與公寓》，由金
士會編導；《早餐》，由黃建業編導。

新象公司邀請美籍日裔默劇家箱島安（Yass Hakoshima）

來台演出，由金士傑擔任表演助手。

1982年　台北市市政府主辦之藝術季，編導《懸絲人》並參加演
　　　　出。另外，《社會版》由童大龍編導，金士傑出任劇中
　　　　唯一演員。

　　　　行政院文建會主辦之文藝季，擔任《那大師傳奇》副導
　　　　演和演員。

　　　　菲律賓主辦之第一屆亞洲戲劇節，演出《貓的天堂》，由
　　　　卓明編導。

1983年　菲律賓主辦之第一屆亞洲戲劇節，編導《冷板凳》並演
　　　　出。

　　　　行政院文建會主辦之文藝季，演出《代面》，導演卓明，
　　　　編劇蔣勳。

　　　　行政院文建會主辦之文藝季，編導《演員實驗教室》並
　　　　演出。

1984年　演出賴聲川爲蘭陵劇坊編導之《摘星》。

　　　　擔任吳靜吉博士帶領之「全省戲劇巡迴示例講座」助講
　　　　人。

新聞局主辦之金馬獎頒獎典禮，演出《默劇—— 導演和椅子》。

獲 Fulbright 藝術家獎金赴美研習戲劇。

1985年　台灣省政府主辦之秋季藝術季，編導《今生今世》並演出。

擔任行政院文建會委託蘭陵劇坊主辦「舞台表演人才研習會」班主任。

1986年　行政院文建會主辦之文藝季，編導《家家酒》。

《荷珠新配》應邀參加新加坡政府主辦之戲劇節。

表演工作坊主辦，演出《暗戀桃花源》，由賴聲川編導。

演出電影《恐怖份子》，導演楊德昌。

1987年　蘭陵劇坊主辦，演出《誰在吹口琴》，由陳玉慧編導。

1988年　行政院文建會主辦，編導《明天我們空中再見》。

演出電影《棋王》，導演嚴浩。

1989年　《明天我們空中再見》應邀參加香港藝術節。

國家戲劇院主辦，編導《螢火》，並邀朱宗慶打擊樂團同台演出。

表演工作坊主辦，演出《這一夜，誰來說相聲？》，由賴
聲川編導。

1990年　任國立藝術學院戲劇系講師，教授表演課與排演課。

1991年　行政院文建會與表演工作坊聯合主辦，演出《暗戀桃花
源》，導演賴聲川，林青霞同台演出。除全省巡迴外，並
於紐約、舊金山、洛杉磯、香港演出。同年改拍成電影。

1992年　優劇場主辦，演出《漠・水鏡記》，由劉靜敏編導。

演出電視連續劇《地久天長》（公視），導演余明生。

1994年　表演工作坊製作，演出《紅色的天空》，由賴聲川編導。

並於次年赴美國東西岸巡迴演出。

1995年　想像實驗劇場製作，擔任《某一個春天，一個衣服的夢》
編導。

表演工作坊主辦，達利歐・弗劇本《意外死亡（非常意
外！)》，擔任劇本改編及導演。

表演工作坊製作，演出《一夫二主》，導演賴聲川。

1996年　表演工作坊主辦，演出《新世紀，天使隱藏人間》，導演
賴聲川，編劇東尼・庫許納。

任世新大學口傳系講師，教授表演課。

1997年　台北故事劇場主辦，演出《你和我和愛情之間》，導演陳培廣。

演出電視連續劇《我們一家都是人》(超視)，導演賴聲川。

1998年　表演工作坊主辦，演出《我和我和他和他》，導演賴聲川。同年赴香港參加華文戲劇節演出。

演出電影《徵婚啓事》，導演陳國富。

1999年　創作社劇坊主辦，演出《一張床四人睡》，導演黎煥雄，編劇紀蔚然。

表演工作坊主辦，演出《暗戀桃花源》，導演賴聲川。

台北藝術節，表演工作坊製作，大陸版《紅色的天空》擔任演出。

演出電視連續劇《無私的愛》(大愛)，導演劉俊傑。

2000年　第二屆亞洲華文戲劇節，演出《X小姐》，導演蔣維國，編劇姚一葦。

台北越界舞團主辦，演出《不完整的寓言——蛇的練習三種》，詩作楊牧，與羅曼菲共同導演。

2001年　表演工作坊製作，演出《千禧夜，我們說相聲》，導演賴
　　　　聲川。又赴北京、上海巡迴演出，並摘錄戲段參加大陸
　　　　中央電視台主辦之「除夕夜聯歡晚會」現場演出。
　　　　果陀劇場主辦，演出《莫札特謀殺案》（*Amadeus, 1979*），
　　　　導演蔣維國，編劇彼得・謝弗（Peter Shaffer）。
　　　　台北市政府主辦，「九二一詩歌音樂會」擔任詩朗誦。
2002年　國立中正文化中心委製，表演工作坊製作，編導《永遠
　　　　的微笑》。
2003年　廣電基金會主辦，廣播金鐘獎擔任評審委員。
　　　　演出電視連續劇《孽子》（公視），導演曹瑞原。
　　　　表演工作坊製作，演出《在那遙遠的星球，一粒沙》，由
　　　　賴聲川編導。

國家圖書館出版品預行編目資料

金士傑劇本 / 金士傑著. -- 初版. -- 臺北市：遠流，
2003【民92】
冊；　　公分. --（戲劇館）

ISBN　957-32-4900-6（第1冊：平裝）. --
ISBN　957-32-4901-4（第2冊：平裝）. --
ISBN　957-32-4902-2（第3冊：平裝）. --

854.6　　　　　　　　　　　　　　92006202

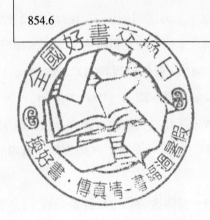